忘れられた明治の日光

近代日光の史跡を訪ねて

安生 信夫

随想舎

はじめに

日光は歴史のある町である。勝道上人が大谷川と稲荷川の合流地点付近に庵を結んでからおよそ一二五〇年が経過した。明治時代が終わり大正時代になってからでも一〇〇年以上が経過している。

明治時代の日光の事柄の中には忘れられているものがある。また本に書かれてはいても簡単に数行で説明されているものも多い。本書ではそれらのいくつかを取り上げ詳述してみたい。

本書は次の四章より成っている。

第一章　浩養園
第二章　旧日光市における華族等の別邸
第三章　日光橋と神橋および朝日橋
第四章　足尾銅山細尾鉄索と馬車鉄道

「第一章　浩養園」は東照宮発行「大日光」に投稿した「日光市山内浩養園」を、「第二章旧日光市における華族等の別邸」は輪王寺発行「日光山輪王寺」に投稿した「旧日光市に於ける華族等の別邸について」を加筆修正したものである。第三章は日光橋が主題である。ただし、それぞれ目的は異なるが同地点で大谷川を渡河するという意味で関連が深いので、神橋と朝日橋にも触れる。なお神橋は創建が江戸期にさかのぼる。したがって神橋については江戸期の事項にも触れる。第四章は足尾銅山と日光を結ぶ銅運搬用の鉄索（第一・第二鉄索）と馬（牛）車鉄道をまとめたものである。

忘れられた明治の日光　近代日光の史跡を訪ねて

目次

忘れられた明治の日光

近代日光の史跡を訪ねて

第一章　浩養園

一、この章のはじめに

日光市山内の一角に浩養園という公園があり、また園内には「保晃会碑」と書かれた大きな石碑がある（写真1下）。

同園は、東照宮および二荒山神社並びに輪王寺のいわゆる二社一寺の共有地であり、日光二社一寺共同事務所と日光二社一寺営林事務所で共同管理をしている。

この浩養園について、筆者は次のような疑問をもち続けてきた。

①　なぜ作られたのか
②　だれが設計しだれが施行したか
③　いつできたか
④　なぜ浩養園という名前がついたか
⑤　だれが命名したか
⑥　なぜ浩養園内に保晃会碑があるか

ここ十数年、浩養園について調べたところ、不明な点が多いがしだいにその概要が分かってきた。まだまだ不十分ではあるが、今までに判明したことについて述べることとする。

浩養園の位置を明治一九年六月発行の「日光山全図」（写真2）で見ると「旧御殿地」と書かれているが、明治二八年九月作成の「日光山明細図」、同年一一月発行の「日光山内全図」（写真3）には保晃会碑が記載されている。このことから、浩養園は明治一九年より明治二八年の間に作られたことがわかる。

二、保晃会の設立と解散

保晃会は、明治維新の改革により徳川幕府の保護を離れた東照宮をはじめとした二社一寺の堂宇および名勝を保存する目的で、旧神領の地に生まれた安生順四郎、矢板武をはじめ当時の県会議員ら四〇名が発起して明治八年設立に着手し、同一二年一一月二八日に内務卿伊藤博文から公許せられた組織である。

会長・副会長各一名、幹事一〇名を以て組織し、会長は元会津藩主松平容保子爵が明治一三年東照宮宮司に任ぜられると同時に就任した。以後二代会長に元桑名藩主松平貞敬子爵、三代会長には元江戸幕府海軍総裁榎本武揚子爵が就任した。副会長には創設来の発起人安生順四郎が選ばれた。明治三一年には財団組織の認可を受けて法人となった。

同会は目的を達成するために全国より会員を募り、二〇万円を目標に資金を集め（後に

写真１　保晃会碑
撮影時期は不明であるが人物の様子や樹木の生育状態から建碑当時のものと思われる

現在の保晃会碑

写真 2　日光山全図（部分）明治 19 年 6 月　東京同益出版社発行

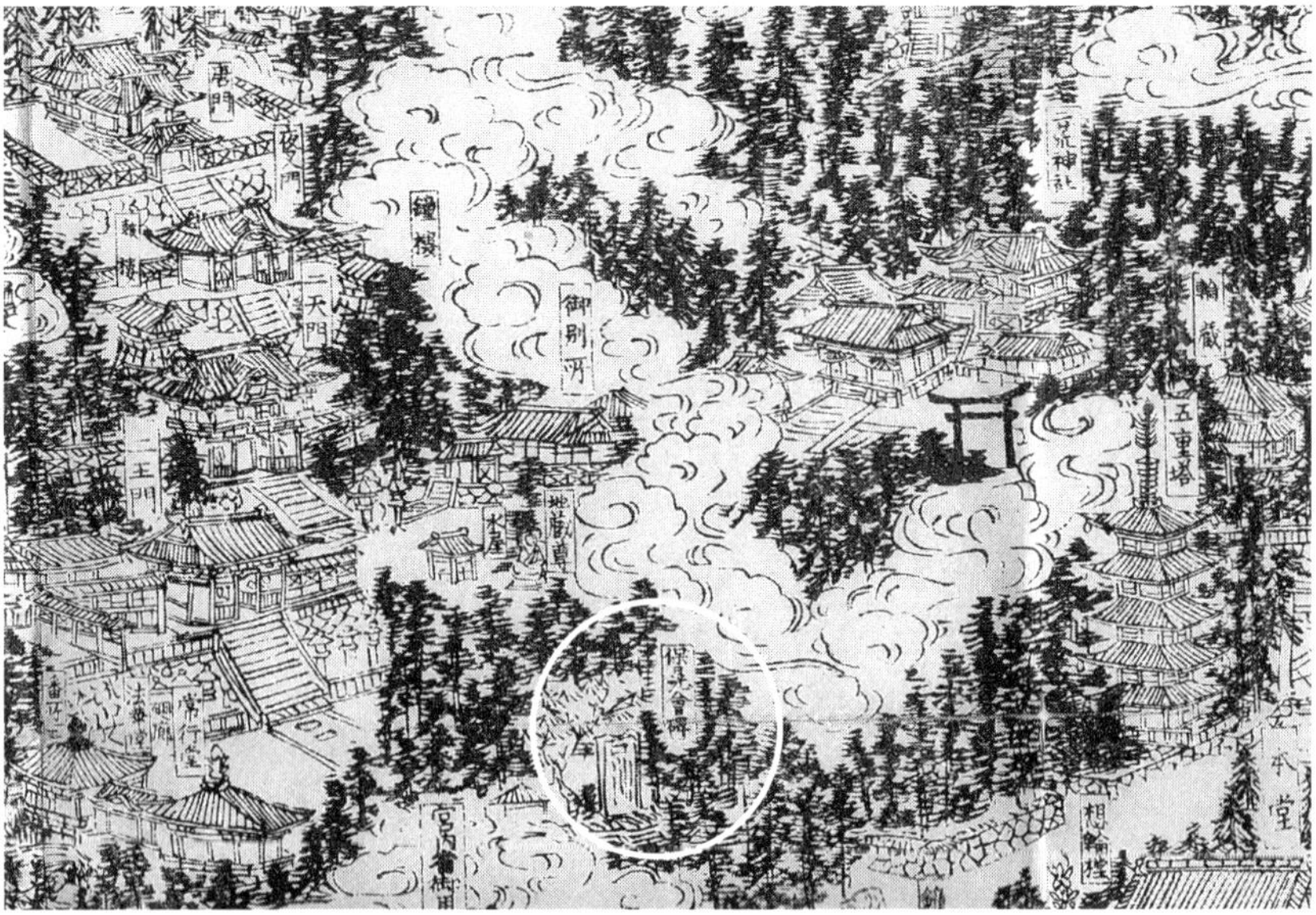

写真 3　日光山内全図（部分）明治 28 年 12 月 20 日　福田善太郎　発行

四〇万円に増額された）この金利で諸堂宇の修理等を行った。また資金の運用のため山林経営も行ったが、大正五年保晃会はその目的を達成し解散した。

浩養園の一角、宝物館の前に、大正八年に作られた保晃会紀功碑がある（写真4・後記49ページ参照）。

三、保晃会碑の建設

保晃会碑の建設計画については、明治二二年九月の保晃会臨時総会において「保晃会規則第八条（略）本会ノ顚末ヲ金石ニ刻シコレヲ永遠に表スベシ」に基づき、銅碑を鋳造することとし建碑位置は神橋付近の星の宮付近を予定した。

その後、建碑位置は二社一寺の要請もあり旧御殿地の北部と定められた。敷地については次の寄付を受けた。

東　照　宮より	大字日光字善如寺谷二二八一番地	四町一反五畝十歩
二荒山神社より	大字日光字安養園　二三〇二番地	三反四畝七歩
輪　王　寺より	大字日光字善如寺谷二二七八番地	一反二畝一八歩

なお、右記輪王寺より寄付を受けた土地は、他の二筆の土地と異なり二荒山神社に至る参道

の反対側にあった。この土地は現在の東武観光センター付近の土地を所有していた麻生三郎と、土地の交換を行い地続きとした。

また建碑費の一部として二社一寺より寄付金二五〇〇円を受領した。この二五〇〇円は明治二六年六月に半額、明治二七年三月に残金が納入されており、東照宮一二五〇円・輪王寺八七五円・二荒山神社三七五円となっている。

これは、現在の二社一寺の共同事業金銭支出比率、東照宮五〇％・輪王寺四〇％・二荒山神社一〇％と比較すると、五〇％・三五％・一五％で興味深い。

写真４　保晃会紀功碑

碑の建設にあたっては銅碑が検討されたが、費用は次のようであった。

銅碑の大なる物　一万二千三百有余円
　小なる物　八千九百有余円
石碑の大なる物　三千六百六拾円
　小なる物　千七百八拾参円

予算の関係も考慮し、建碑材料は石材の大なる物と決定した。もしこの時予算が十分にあり

銅で作られていたならば、大東亜戦争の際の金属供出により台石のみになっていただろう。そう思うと感無量である。

関連する話①

保晃会碑は石で造られた。同じころ足尾銅山で造られた「木村長兵衛（注1）功業之碑」は銅碑であったため（写真5）第二次世界大戦中の金属供出になり、現在残っているのは台石と碑文の拓本だけである（写真6・7）。

石材は宮城県の陸前稲井石で明治二六年二月三日に石巻を発し二月九日に日光駅に到着した。さらに二月二六日より三月二〇日までの二三日を要し建設地まで運んだ。

保晃会碑の台石は、日光町字花石町北裏に在る俗称ウブ石（注2）を掘り取り運搬することになった。

「ウブ石は、稀有の大石にして重量凡一万三千余貫あり、これが掘り取りに着手セシは明治二六年三月上旬にして、それより曳方準備の為め三ヵ月を費やし、六月上旬曳方に着手し八月四日始めて庭園に到着した」とあって、掘り取りから庭園に到着まで約五カ月かかったことがわかる。

写真５　木村長兵衛功業之碑

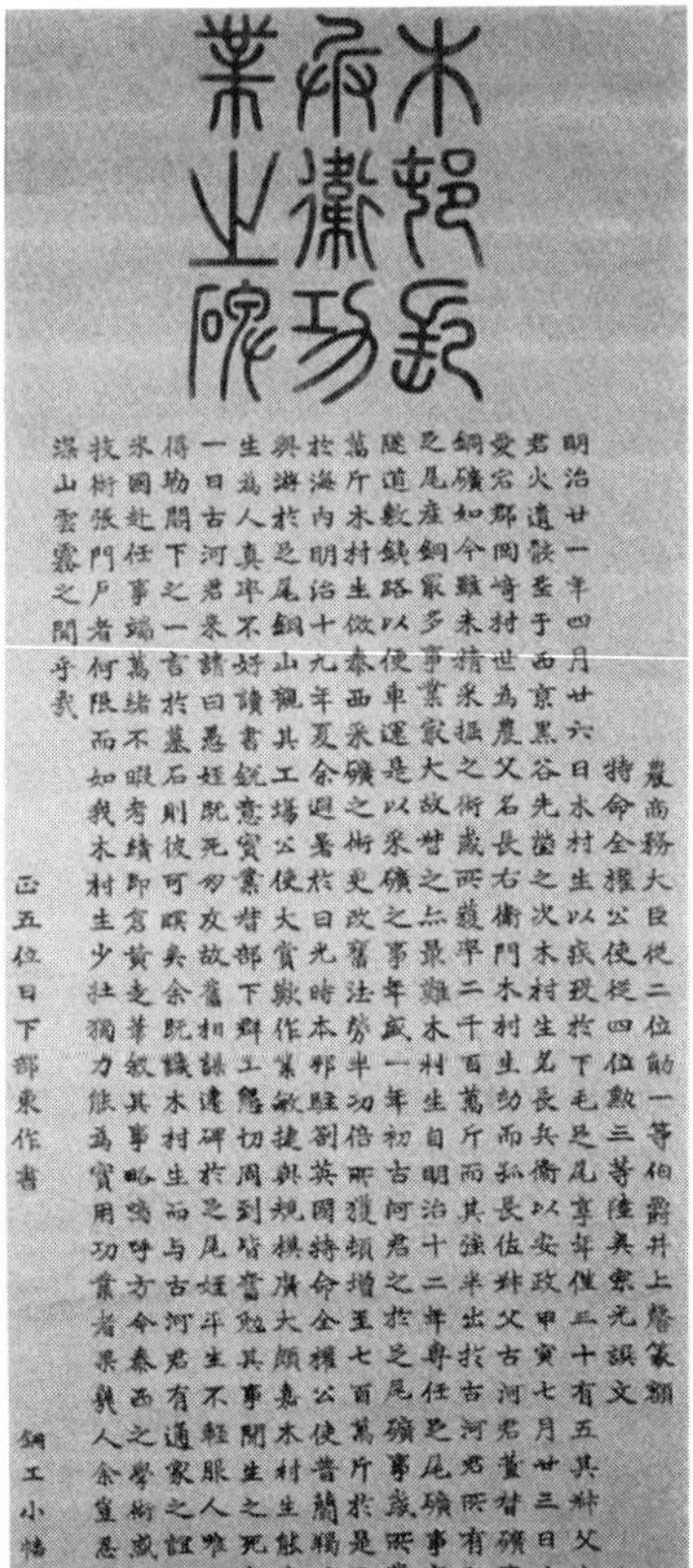
写真6　碑文（拓本）　栃木県立文書館寄託　新井常雄氏撮影写真

写真７　功業之碑の台石　碑本体と手摺りは撤去されている

運搬について明治二六年七月一七日付で、雨天を除く一〇日間の「街路使用願」を鹿沼警察署日光分署長宛に提出している。添付されている図面を見ると興味深い（写真8）。なお、この台石の運搬には日光町民の好意により戸別一人を出し、助曳を行い延六〇〇〇余人が参加している。

碑文について、篆額を北白川宮能久親王（注3）に、選文を勝安房伯爵（注4）に依頼した。文面は次のとおり。

保晃会之碑

篆額　大勲位能久親王

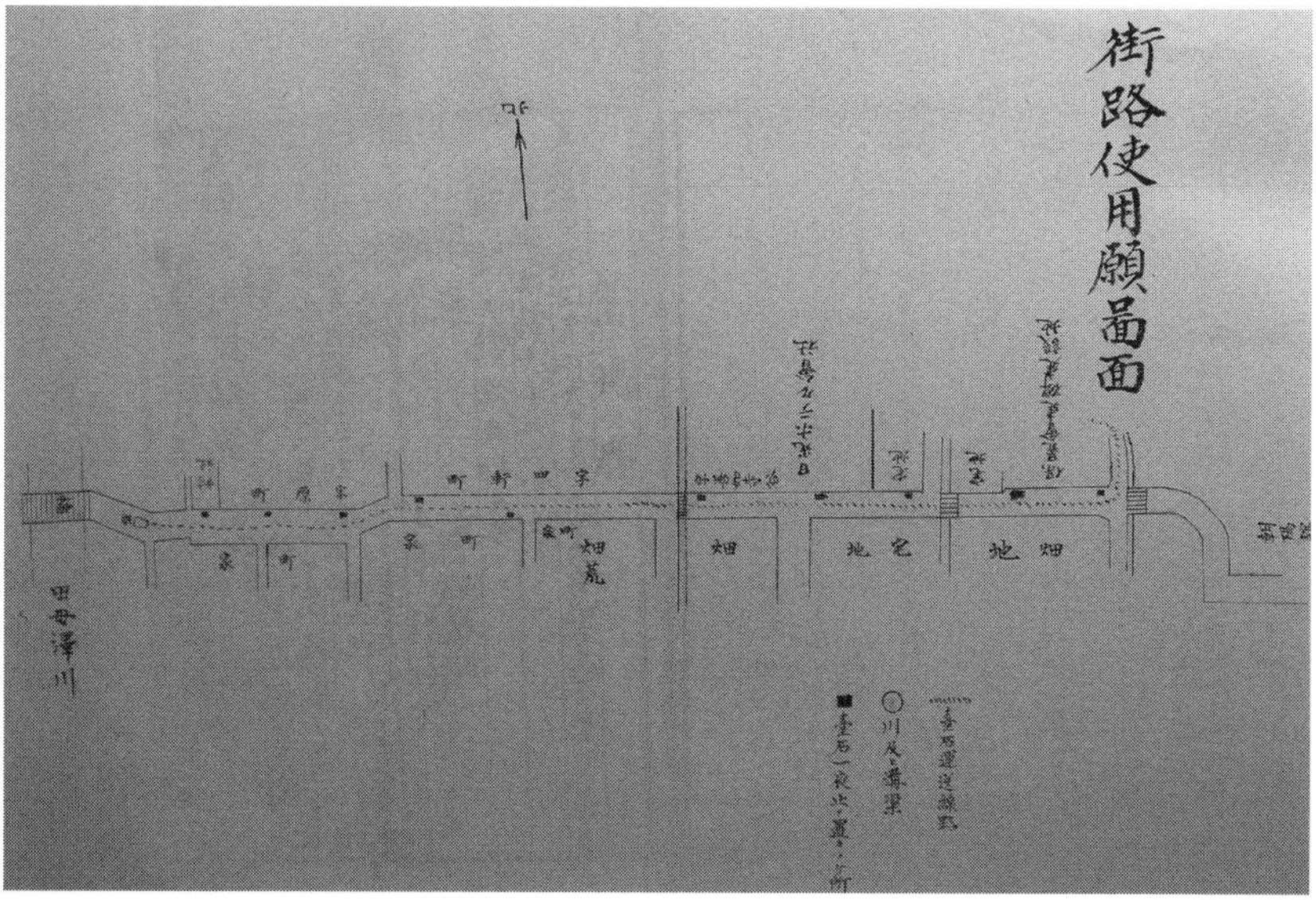

写真８　街路使用願に添付した図面

我国談山水之奇宮殿之美者莫弗首屈指日光焉蓋山水待宮殿之美而倍顕宮殿因山水之奇而増輝二者淂兼幾希矣按神護景雲年間勝道上人崇神二荒山神霊挺身冒険履巉巌披蒙茸創建祠宇弘安四年当胡元寇鎮西也国家祈其冥護事平特加崇敬当時社寺領広袤十数里坊舎数百所其盛況可想矣元亀天正之際天下大乱社寺領概為隣近諸豪所掠奪堂宇亦朽敗而無敢顧者元和偃武之後東照宮鎮座屹然為国家霊域蓋天海僧正与有力焉後建大猷廟一山規模隋而拡張比之往時爰翅霄壌乃宮殿之美与山水之奇並称而為天下之偉観決非溢美也王政維新世態一変祠宇坊舎一任荒廃而無任其労者於是苟浴神徳者及講古今美術者不忍袖手傍観焦心苦慮欲全其旧観拮据鞅掌遂至明治十有二年得就其緒是保晃之会所由設也是会一唱海内響応欲献資以裨工者接踵至延及

支那朝鮮欧米各国来観者不啻嗟称不措往々有助資以謀其不堕者是雖箇由朝恩之優渥与神徳之赫隆而亦非大方会員至誠之所貫徹則安得至比哉宜呼不出一紀而成功之基礎業已確然可見矣由是観之是会也日昌而月熾名山霊域得保之無窮者復何疑之有近日会員欲刻石以伝之後請余一言余嘉其挙乃略叙梗概伝爾

明治廿五年十一月

勝安房撰并書　井亀泉鐫

読下すと次のとおり（注5）。

保晃会之碑

篆額　大勲位能久親王

我国ノ山水ノ奇、宮殿ノ美ヲ談ズル者ハ、首《ハジメ》ニ指ヲ日光ニ屈セザルナシ。益々、山水ハ宮殿ノ美ヲ待チテ顕ヲ倍シ、宮殿ハ山水ノ奇ニ因ッテ輝キヲ増ス。二者ノ潯《トク》、兼ルハ幾《ホトン》ド希《マ》レナリ。按ズルニ、神護景雲年間，勝道上人、二荒山ノ神霊ヲ崇神シ、身ヲ挺シテ険ヲ冒《オカ》シ、巉巌《ザンガン》ヲ履《フ》ミ、蒙茸《モウジョウ》ヲ扱《ヒラ》キ、祠宇ヲ創建ス。弘安四年胡《コ》元ノ鎮西ヲ寇《コウ》スルニ当リ、国家其ノ冥護ヲ祈ル。事平ギテ特ニ崇敬ヲ加フ。当時社寺ハ広袤《コウボウ》十数里ヲ領シ、坊舎ハ数百所、其ノ盛況想フ可シ。元亀天正ノ際、天下大イニ乱レ、社寺ノ領、概《オオム》ネ隣近ノ諸豪ノ掠奪スル所トナリ、堂宇亦タ朽敗シテ敢テ顧ミル者無シ。元和偃武《エンブ》ノ後、東照宮鎮座シ、屹然《キツゼン》、国家ノ霊域タリ。蓋シ、天海僧正与《アズカ》ツテ力有リ。後ニ大猷廟ヲ建テ、一山規模随ツテ拡張シ、之《コレ》ヲ往時ニ比スルニ奚《ナン》ゾ、翅《タダ》ニ霄壌《ショウジョウ》タラン。乃《スナワ》チ宮殿ノ美ト山水ノ奇ト並ビ称サレ天下ノ偉観タリ。決シテ美ヲ溢《オゴ》ルニ非ザルナリ。王政維新、世態一変シ、祠宇坊舎一トシテ荒廃ニ任セテ其ノ労ヲコレニ任セルモノ無シ。苟《イヤ》シクモ、神徳ニ浴スル者及ビ古今ノ美術ヲ講ズル者ハ、袖手傍観スルニ忍ビズ。焦心苦慮、其ノ舊観ヲ全カラント欲シ、拮据鞅掌《キッキョオウショウ》遂ニ明治十有二年ニ至リテ其ノ緒ニ就クヲ得タリ。是《コ》レ保晃会ノ由ツテ設ル所ナリ。是ノ会一タビ唱フレバ、海内響応シ、資ヲ献ジ以テ工ヲ裨《タス》ケント欲スル者ハ踵ヲ接シテ至リ、延イテハ支那朝鮮欧米諸国ニ及ブ。来観スル者ノ啻《タダ》ニ嗟称《サショウ》措《オ》カザルノミナラズ、往々助資有リテ其ノ堕《コボ》タザランコトヲ謀ル者ハ是レ、固ヨリ朝恩ノ優渥《ユウアク》ナルト、神徳ノ赫隆《カクリュウ》ナルトニ由ルト雖モ、而シテ大方会員ノ至誠ノ貫徹スル所ニ非ザレバ、安《イズク》ンゾ比《ココ》ニ至ルヲ得ンヤ。宜《ムベ》ナルカナ、一紀ヲ出デズシテ功成リ、之《コレ》ガ基礎ノ業已ニ確然タリ。見ル可キナリ。是《コレ》ニ由ツテ之《コレ》ヲ観レバ、是ノ会ヤ日ニ昌ンニ月ニ熾ンニ名山霊域之《コレ》ヲ無窮ニ保ツヲ得ンコト復《マ》タ何ゾ之《コレ》ヲ疑ハン。近日会員有リテ石ニ刻ミ以テ之《コレ》ヲ後ニ伝ヘント欲シ、余ニ一言ヲ請フ。余、其ノ挙ヲ嘉《ヨミ》シ、乃チ梗概ヲ略叙シテ爾《シ》カ伝フノミ。

明治廿五年十一月

勝安房撰并《ナラビ》ニ書　井亀泉鐫ス

四、建設時の浩養園の概要

浩養園は建碑（保晃会碑建設）付属庭園として明治二六年九月一五日に完成した。ひょうたん型の池を中心とした日本庭園である。園内には茶室・四阿・藤棚・茶店等が設けられた。

五、浩養園の造成

庭園は、当初保晃会碑の建設位置を星の宮付近に予定したことでも分かるように造成の予定はなかったが、建設費として社寺より受けた寄付金二五〇〇円、ほぼ同じ時期に始まった日光御用邸の整備のための敷地を献上した報奨金、そして保晃会の支出金で碑に付帯する庭園の造成を行った。工事は全て東京の庭園師「鈴木孫八」が行い、毎日一〇〇余人の人夫を使役し四阿・梅林の設計、植木の植込み、泉水、橋

写真９　人工の滝 大日本下野国日光山全図（部分）明治 33 年青山豊太郎発行 東照宮蔵

の構築等を行った。

園内泉水の水は二荒山神社宮司職舎の池の水を利用したものと思われるが、水量が不足したため、水を土管で東照宮社務所脇より石鳥居前を経て園内に引込んだ。さらに泉水尻より土管を布設して水を流し、途中の崖の上に石組みを行い人工の滝を作った。この滝は現在の東武観光センターの裏側に落ちていた。

滝は明治三三年四月に発行された地図（写真9）にしか見当たらず、現在ではかつて滝があった痕跡はない。

六、保晃会碑および浩養園の建設費用

明治二二年の総会の決議により、予算七〇〇〇円で明治二六年三月一八日に始まった保晃会碑および付属庭園の建設は、明治二六年九月一五日に竣工し九月一八日に落成式をあげた。当初の予算にはなかった庭園の造成を含め一万〇八五三円三六銭七厘の費用を要した。

保晃会の建碑費精算報告書によると次のとおり。

建碑費総額　金一万〇八五三円三六銭七厘
碑石の建設総額　金四三五五円四一銭二厘
内訳　三四六〇円　石工酒井八右衛門へ支払い

八九五円四一銭二厘　台石曳き方諸費

庭園構造費総額　金四八〇三円九五銭

内訳

一〇六四円六七銭五厘　植木職賃金及び雑用共

一三五〇円三二銭　手伝　人足賃金

七一円七二銭四厘　四ツ堂諸費

七八円二一銭五厘　諸道具代

二五八円〇一銭五厘　家屋新設費

五一六円七〇銭三厘　木石買入代並運搬代とも

一一四円六六銭　泉水橋梁架設費

二四一円〇三銭六厘　水路新設費

二八八円二二銭　芝代敷込費とも

三一〇円七六銭　孫八諸雑用

三八八円四五銭　石灯篭買入費

一二一円一七銭二厘　庭園諸雑費

庭園諸雑費経費総額　金一六九四円五厘

内訳

九二円九八銭七厘　臨時会費

八一八円八二銭	旅費日当
五二円九六銭五厘	雑費
一九八円八五銭	諸謝儀
二〇二円三四銭三厘	建碑落成式諸費
九二円三一銭	画仙紙石版千枚代及郵税共
二五円	庭師人足借家料
二四円五六銭	庭園地所登記諸費用
二〇円	宮亀年　謝儀
一二七円七八銭	麻生家移転費
二〇円	負傷者手当
一八円四〇銭	大石摺々立費

一方、収入を見ると次のとおりである。

総収入　金一万七二六九円三三銭八厘

内訳	八六〇〇円	御下賜金（日光御用邸の敷地を献上した際の報奨金）
	五〇円	両宮殿下（注6）の御下賜金

一〇円　佐々木伯（注7）より御寄付
二五〇〇円　両社輪王寺より寄付
一四九円〇四銭　日本鉄道会社寄付（碑石の運賃）
三円　大嶋太郎次郎寄付
二円　河村伝衛寄付
一円　伊能茂左衛門寄付
一円　小林年保寄付
五九三五円　保晃会より支出

上記支出のほか道路修繕費寄付等を差し引いた残金五七七八円八五銭一厘については、浩養園維持の資金として別途会計とした。

前記の浩養園の建設費用はあくまでも現金によるもので、他に植木・水盤・灯篭等の寄付があった。「建碑地植樹寄付人名簿」（写真10）より寄付された方々の住所・氏名および特別の事項のみを列記してみると次のとおりで、かなりの人数になる。

東京市小石川區小石川円山町三番地　平尾金次郎
仝市巣鴨町二丁目一四番　内山長太郎

仝市仝所壱九番地　内山丣之吉
東京市本所区横網町一丁目五番地　鈴木孫八
日光御幸町　岸野仲五郎
上都賀郡日光稲荷町　中川國平
神山庄平
仝群仝上鉢石町　大間喜一郎
日光中鉢石町　野部喜平
手塚清八
鈴木□七
上都賀郡落合村大字板橋　福嶋與市
日光町磐戸町　山崎総次郎
日光町大字久次良　柴田善三
日光町大字久次　斎藤徳三郎
日光山内実教院住職　太田道融
日光松原町　小幡源造
日光稲荷町　佐藤芳五郎
日光町大字日光　高橋新六
寺崎幾太郎

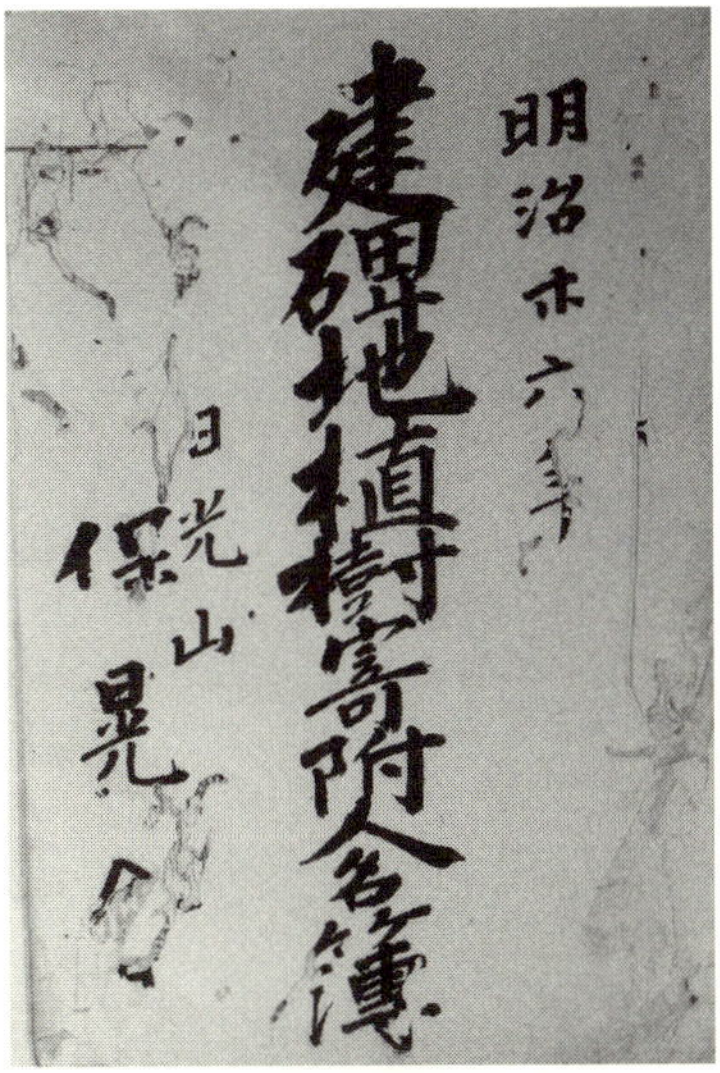

写真 10　建碑地植樹寄付人名簿

日光町山内法門院住職　山本貞典　小豆石水盤
（長さ六尺横五尺高五尺）一基　他に庭木・山草
日光中鉢石町　永井喜三郎
今市町大字川原町壱丁目総代　山越豊吉
川原清次
柏木梅吉

日光町　上本町（中）
日光稲荷町　北村喜一
日光町　上大工町中
日光町大字　清瀧中
日光山内桜本院住職　太田純融
東京市南豊嶋大久保村　抑田金太郎
仝市北豊嶋群巣鴨一丁目　中村栄治
東京市豊嶋群巣鴨三丁目　石井傳吉
仝市仝群駒込染井町　伊藤吉之助
仝市仝群仝所　伊藤市五郎
仝市仝群西ヶ原村　伊藤富士太郎
仝市仝群駒込明義坂町　今井金左衛門

仝市仝群仝所　今井勝五郎
東京市駒込明義坂町　今井兼吉
仝市　仝所　今井喜太郎
仝市赤坂区赤坂台町　斎藤新造
仝市小石川区西江戸川町　竹内萬治郎
仝市北豊嶋群巣鴨弐丁目　福村富治郎
仝市小石川区大塚坂下町　大野銀次郎
仝市仝区雑司ヶ谷町　永見角太郎
仝市仝区音羽壱丁目　高田金治郎
東京市芝区芝新堀町　並木八五郎
仝市小石川区原町　森田角治郎
仝市　仝区小石川丸山町　木下長吉
千葉県安房郡富津村宮　宮木籐助
日光町高照庵　増田山貞
日光山内浄土院住職　今井徳順
日光御幸町　入江喜平
日光山内護光院住職　彦坂諶照
日光磐戸町　栁原善助

日光稲荷町　稲垣辨吉
日光山内禅智院住職　鈴木静榮
仝唯心院住職　津田行順
日光町大字　細尾中
日光上鉢石町　小室宗一郎
日光町大字久次良　斎藤徳三郎
一ノ澤亀吉
仝町仝仝　湯澤才六
仝町仝仝　髙科房吉
日光町大字久次良　堀野鉄吉
仝中本町　松本半才紋
日光松原町　神山勘次
日光町　早尾海雄
河内郡羽黒町大字今里　笹沼長平
日光町大工町　星野忠八
日光松原町　小島栄次
小林嘉兵衛
福田儀平

日光町磐戸町　山田喜一郎
今市町小倉町壱丁目弐丁目　中
上都賀郡南押原村大字磯　大岡藤太
日光町中本町　高橋源三郎　自然石燈籠一基　他庭木
日光町大工町　大嶋太郎次郎　石燈籠古物一基　但し運搬費として金参円之添
日光稲荷町　町内中
仝大工町　荒川金平
仝山内医王院住職　林良傳
日光中本町　梅澤寛治
仝山内華蔵院住職　平井慈脩
仝山内安養院住職　羽場慈邦
日光山内照尊院住職　菅原實玄
日光中宮祠　割烹店・漁業組合中　石南木　三千本
日光町大字日光　塚原文五郎
小野幸造
大橋兵三郎
柴田富久
日光上鉢石町　田口源内

日光町四軒町　柴田光考
日光町中宮祠旅亭　伊藤文吉
日光浄光寺住職　山口貞遵
日光町大字　所野中
日光町山内　間宮奐用
日光町上鉢石　矢野宗吉
日光町東町料理店・藝妓中　右総代　入江幾三郎
宮嵜文三
大山岩吾郎
日光下鉢石　倉澤長三郎
日光町大字野口　福田勇次郎
日光御幸町　神山徳平
日光入温泉守中　各旅亭　石南木　三百本

七、浩養園の名前の謂れと命名者

庭園の造成工事中は建碑付属庭園と呼んでいた。その後明治二六年制定の保晃会建碑地取締規則第一条に「本会建碑地付属の庭園を浩養園と称う」とある。

保晃会碑に付帯する庭園なので保晃園でも良いはずだし、日光公園・山内公園でも良いと思う。現に明治・大正時代に発行された本や地図には、日光公園・山内公園と表示した物がいくつかある。

浩養の浩について大漢和辞典（大修館書店発行全一三巻）を見ると、「水のさま・ゆたか・大きい・おごる」等いくつかの説明があるが、養に結び付く説明はない。

同辞典の養浩の欄には「浩然の気をやしなふ」とあり、浩然とは「水が流れて止まらないさま・ゆったりしたさま」等の説明がある。

浩養園とは「ゆったりと気を養う園」と拡大解釈できるが、養浩を逆にして浩養にする理由が見当たらない……等々。「浩く養う園」の意味は長いあいだ分からなかった。

あるとき当時の東照宮の青山文庫長より「孟子とその弟子の公孫丑《こうそんちゅう》の問答の中の『浩然の気を養う』より採ったものではないか」と教えを受け、十数年来の疑問が解けた。

命名者については、当時の東照宮（保晃会会長）松平容保（注8）、輪王寺門跡彦坂諶厚（注9）、保晃会副会長安生順四郎（注10）の可能性が高いが不明である。

八、浩養園の運営

保晃会は浩養園の維持管理費を捻出するため園内の一部を貸し付けることとし新聞広告を出した。しかし条件は厳しく借地を希望する者には、営業の種類・家屋の構造等を調べ風致上それに取締り上支障がなければ有料で貸し付けた。

浩養園の維持管理費は保晃会会計とは別途会計とし、浩養園を造った際の残金・園内の賃貸料・その他の収入を充てた。浩養園の一部を借りた人々は次のとおり。

高橋源三郎

浩養園完成後ただちに園内の五カ所を営業用の敷地（一部は建物付）として競争入札により一カ年一三二円で落札して借り受けた。浩養園内の事業は予想外に厳しく赤字経営であったようで、明治二八年には借入れ地を一カ所にして、そこに木造の「浩養館」と名づけた美術参考所を建てて一般に公開した。（後記、浩養園内の施設、浩養館参照）
しかし浩養園は湿気が多く浩養館内の書画骨董を損傷したこともあり、明治三三年二月、高橋は浩養園内に所有する木造家屋を社寺に寄付し浩養園内の事業より手を引いた。
なお、高橋源三郎は西沢金山を経営した人物で養子の常次郎は後に日光町長を務めている。

山越トメ

明治三五年七月、浩養園の一部四坪を喫茶店経営のため保晃会より借り受けた。契約期間は三年間ある。山越は三年後も契約を続けており、大正三年四月三〇日まで地代を払っている。借り受けた場所は不明。

落合林之助

明治四一年一月、浩養園の一部三坪を五年間契約で物産類および飲食物販売の目的で保晃会より借り受けた。場所は三五〇年祭に作られた東照宮宝物館の前庭で、二荒山神社宮司職舎寄りと思われる。

余談ながら、落合林之助は明治維新後の廃仏毀釈の際奔走した落合源七の子息である。日光市下鉢石町で落合商店を経営している落合慈孝氏は林之助の曽孫にあたる。

岸野仲五郎

明治四一年に浩養園の一部一五坪を物産類および飲食物販売の目的により保晃会より借り受けた。東照宮の入り口すなわち下神道の角の一画、現在の株式会社岸野（元の岸野売店）である。その後、岸野売店では借り受け面積を増やし現在に至っている。

また仲五郎は、明治四三年に浩養園内の別の場所を同じく物産類および飲食物販売の目的により一四四・六坪を保晃会より借り受けた。場所は庭園滝下平地とあり現在の東武観光センター付近である。

ここで借り受けた土地は前記の借受地より面積が大幅に広く、「物産類および飲食物販売の目的」の店舗以外に二社一寺の漆細工修繕用の作業場も併設してあったのではないか。岸野仲五郎は漆職人でもある。仲五郎がいつまでこの土地を借りていたかは不明である。

関連する話②

岸野仲五郎が明治四三年に借りた土地に建てられた家は後日御幸町に移築された（写真11）。現在では仲五郎の子孫の岸野直資氏が使用している。なお岸野家は江戸時代より続く塗師（漆職人）の家柄で仲五郎は一一代、当主の直資氏は一五代である。岸野家に残されている仲五郎の日誌によれば東照宮の入り口のお店は「タバコ屋」西参道のお店は「第二支店」と呼んでいた。

九、日光（山内）御用邸との係わり

浩養園は明治二六年九月一八日に完成式を行っている。日光御用邸（写真12）は新たに造られたものではなく当時すでに建てられていた東照宮貴賓館の「朝陽館」をお買上になり御用邸として利用するよ

写真 11　山内より移築された家

うになった。

明治天皇の子供の常の宮（注11）・周《カネ》の宮（注12）両殿下は御用邸になる以前から朝陽館を利用されていたので浩養園を造成するにあたり、金五〇円を御下賜された。また両殿下の養育係主任を務めた佐々木高行伯爵（注7）も一〇円の寄付をしている。

なお皇太子殿下（後の大正天皇）が、明治二九年七月二八日、山内御用邸に行啓された際には、二カ月の御滞在中に時々浩養園で御遊歩され、お帰りの際には保晃会に金一〇〇円を御下賜されている。

一〇、浩養園内の施設

浩養館

場所は現在の東照宮宝物館の前庭、岸野売店寄りにある旧石造唐門・石鳥居付近と思われ、明治三三年四月に発行された大日本下野国日光山全図に載っている建物は浩養館と思われる（写真13）。

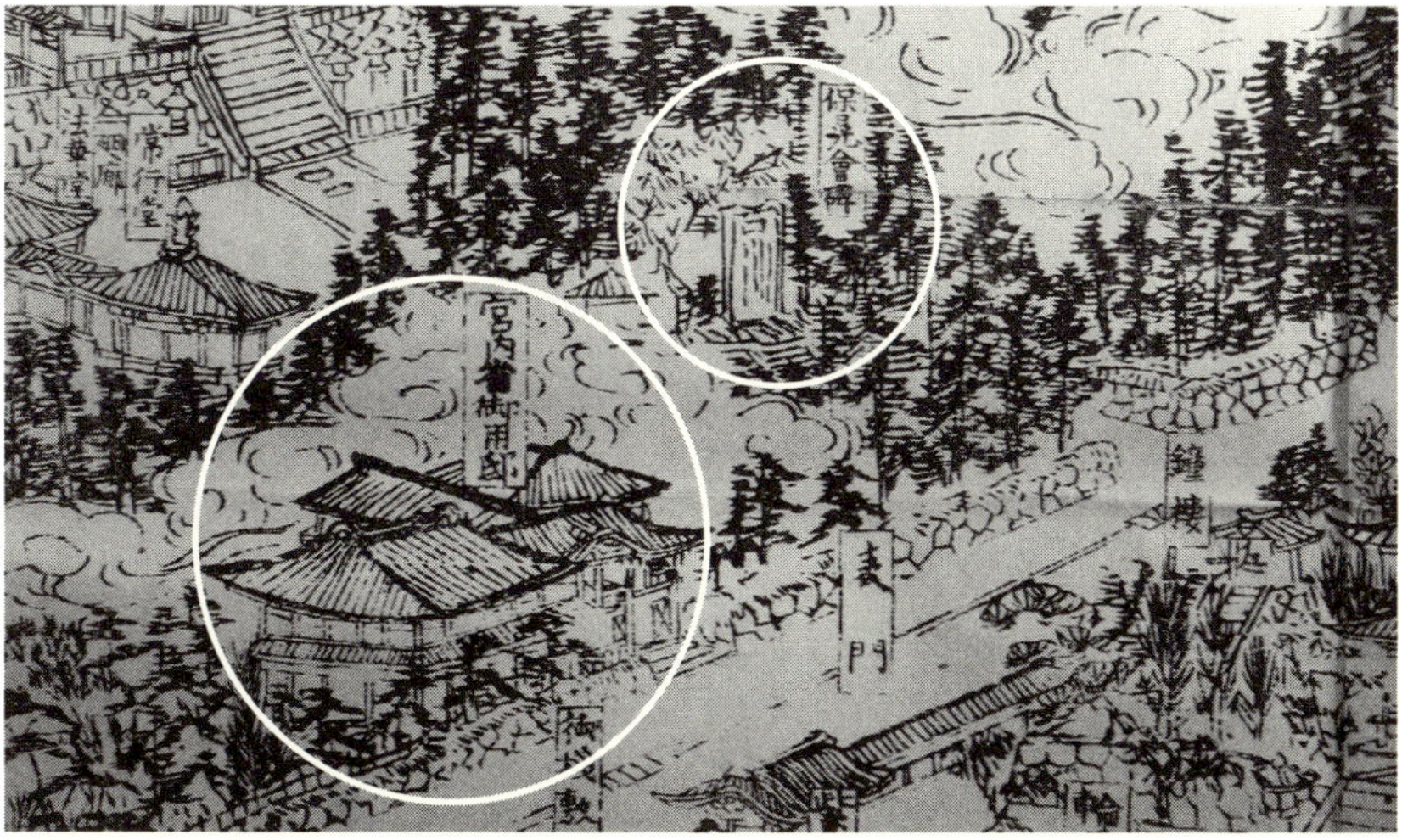

写真12　日光御用邸（左）と浩養園（右）　前出・日光山内全図（部分）

栃木県上都賀郡日光町大嶋敬三郎が明治三一年八月に発行した「日光山全図　左甚五郎眠猫」の図には浩養館の文字が見られる。美術参考所として作られた浩養館は三六畳の展示室がある三三坪の建物であった（写真14、前出「高橋源三郎」参照）。

写真 13　浩養館？　大日本下野国日光山全図（部分）

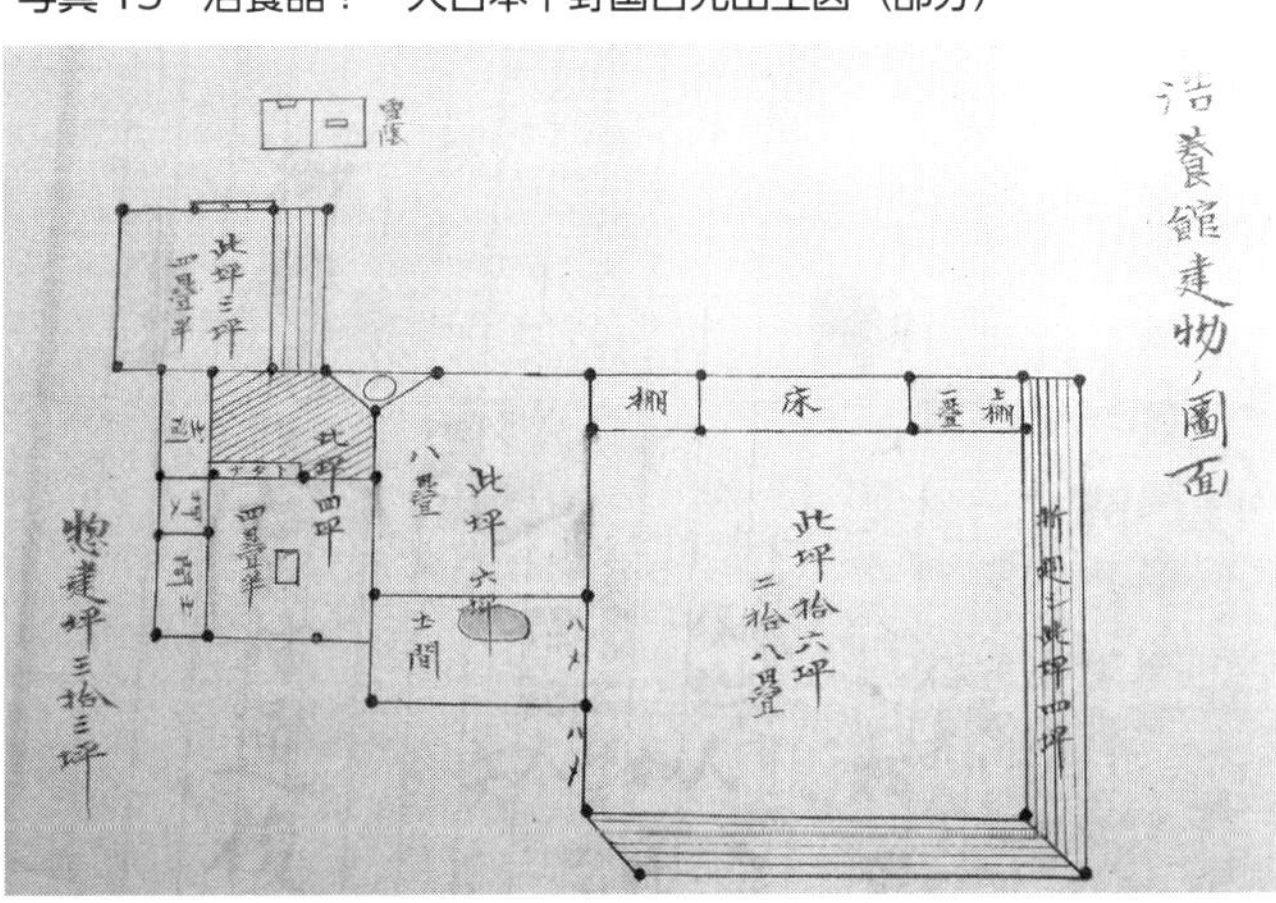

写真 14　浩養館平面図

東照宮宝物館

大正元年の頃、東照宮では三〇〇年祭の一環として宝物陳列館新築を計画し、浩養園内九八〇坪の借用を保晃会に申し込んでいる。宝物陳列館は大正四年五月三一日に竣工した（写真15）。この宝物館は大江新太郎工学博士が設計し、陳列については黒板勝美文学博士が担当した。建坪二八七坪余、木造漆喰塗、入母屋切妻宝形の三様三棟から成り、総工費約五万五〇〇〇円、内部陳列棚一万二〇〇〇〇円の計六万七〇〇〇〇円を要した。

その後、宝物館は東照宮三五〇年祭記念事業で建て替えられ、昭和四二年八月竣工し、昭和四三年五月に開館した（写真16）。なおこの宝物館の脇には、寛永一九年（一六四二年）頃建てられ天和三年（一六八二）の大地震により破損し奥社裏山の落葉に埋没されていた、旧石造唐門・石鳥居が同じく三五〇年祭記念事業として復元されている（写真17）。

写真15　東照宮300年祭記念事業で建設された宝物陳列館

大修繕事務所

大修繕事務所は、二社一寺殿堂の修理を担当した事務所である。同事務所の設立までの経過を見ると、明治三〇年古社寺保存法公布に伴い社寺では特別建造物修理の補助を県に請願し、明治三二年二月請願が認められたのを機に、社寺は該工事を県に委任した。県は日光（保晃会事務所内）に大修繕事務所を設置した。明治四二年当時に大修繕事務所が置かれた場所は、大正四年完成の旧宝物館の前庭付近であった（写真18・注13）。

大正三年頃、浩養園内西南隅の平地八六八坪（現在の文化財保存会事務所付近）に修繕工事小屋を作っ

写真 16　東照宮 350 年祭記念事業で建設された宝物館

た。大正四年五月三一日には大修繕事務所のあった場所に東照宮宝物館が建設されるので、それに先立って大修繕事務所は土地を明け渡し新設された修繕小屋もしくはその付近に移転したものと思われる。

大修繕事務所は、大正三年一一月二五日に日光社寺合同事務所と合併し、「日光社寺共同事務所」として再スタートした。旧大修繕事務所の建物は以後、日光社寺共同事務所工務所と呼ばれることになった。大正一二年一二月日光社寺共同事務所は廃止され、日光社寺営林事務所・日光社寺電気事務所等に分かれた。日光社寺共同事務所工務所（旧大修繕事務所）も当然廃止となったが、その際この工務所の建物等は東照宮が譲り受け大正十三年一月頃東照宮工務所となった。昭和二年一二月東照宮発行の『東照宮史』の境内平面図に、現在の文化財保存会事務所の場所は「東照宮工務所」と記載されており、昭和四年一一月の書類には「工務所跡地」とある。

大修繕事務所から東照宮工務所までの事業内容を説明すると第一期大修繕は明治三二年八月から明治四四年八月まで実施され、第二期大修繕は明治四五年三月から大正八年一二月まで実施された。第三期大修繕については、大正一一年に一部の修理が始まったが、共同事務所が解

写真 17　復元された東照宮奥社の旧石造り唐門（国指定重要文化財）

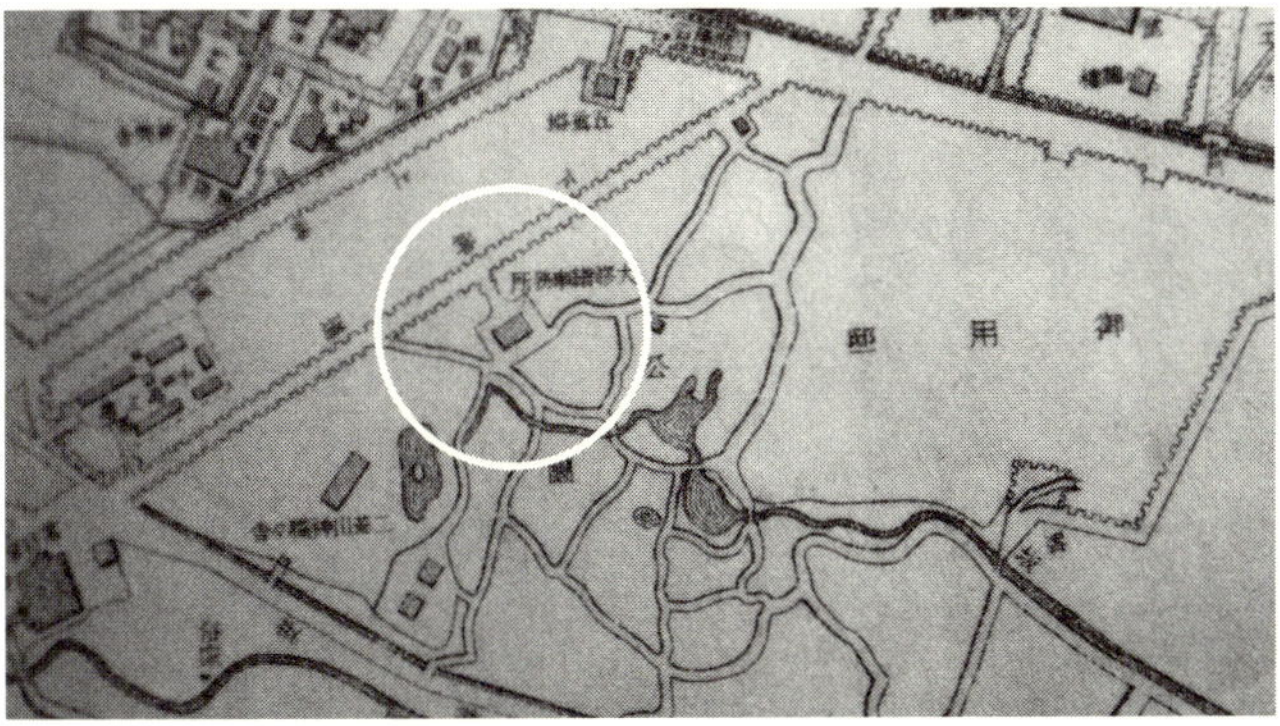

写真 18　円内大修繕事務所

散したため東照宮工務所
に引継がれている。

関連する話③

第三期大修繕は、共同事務所解散の時点で一万一五三四・二七三円残っていた。「……残工事ニ対スル予算並該予算ヲ以テ施工方ヲ東照宮工務所へ委託ノ件認可ス（略）大正一三年二月二〇日　栃木県知事　山脇春樹」の書類がある。

スケートリンク

明治二〇年代に日本に入ってきたスケートは、明治四一年長野県諏訪町の諏訪湖一周競滑大会を機に各地に波及した。日光では、西山新平・近藤金次郎・井上喜三郎等の町民有志が東照宮三〇〇年祭の記念事業の一環として、スケートリンクの設置を社寺に陳情していたが実現されなかった。

昭和初期に現在の文化財保存会事務所作業場付近にスケートリンクが作られた。昭和九年七月一五日、二荒山神社社務所発行の「国立公園日光案内」に山内スケートリンクの記載がある。このリンクは南北に長いリンクで、北側の氷は溶けやすく使いずらかったようだが、東照宮武徳殿の東照宮リンクが昭和一五年に作られるまで使用していたものと思われる。

当時青年団長だった日光市松原町の故山本忠一朗氏（大正三年八月生）は、「青年団が作ったリンクで、工務所跡に作ったのでおが屑等が堆積しており、水を張っても浸透してしまい凍らせるのが大変だった。また水は浩養園の池より引いていたが、池には山内発電所の水が流れ込んでおり昼間と夜間では発電の関係で水位が変わり水量の調整が大変だった」

と昭和一〇年ごろの思い出話をして頂いた。

日光遊覧自動車株式会社

昭和四年一二月、同社鈴木久太郎社長（注14）より七二坪の借地継続願が二社一寺宛に提出されている。その後、昭和一〇年四月に出された借地継続願には、一五九坪余に増えており、約二倍に拡張されている。場所は現在の東武観光センター付近で、今では浩養園と離れているが、建設当時の浩養園はこの場所をも包含していた。その後、昭和一九年に当局（県または国？）の命により東武鉄道系列の日光軌道株式会社に買収され、昭和二二年六月には東武鉄道に併合された。

なお、『栃木県史』によると「同社は資本金二万円で大正一〇年には、市内遊覧事業を始めていた」とあるが、大正一〇年七月八日の下野新聞に「日光町郡町会議員星濱吉氏外数名は平塚知事に面会し、日光遊覧自動車株式会社は現在二台の遊覧自動車を有するのみで、昨年来しばしば増設の申請をなしたるも同町には別に日光自動車株式会社ありて二八台の自動車を有し居り路線の狭き場所柄なる関係より増設を許可の運びにいたらざりしが本年もすでに遊覧季節に入り日を追うて登晃者を増し、到底現在の台数にては需要に応じ能はさる状態なるより数台の増設許可の陳情をなせり」とあり、大正九年以前より同社は営業を行っていた。

関連する話④

日光自動車株式会社は大正五年一二月七日、資本金一万円で創立している。「当初は車台二両也しも、今や（大正七年?）八両に増加」とある。しかし、日光遊覧自動車株式会社に関する記述は見あたらない。大正七〜八年ころ日光遊覧自動車株式会社はできたと思われる。

一一、浩養園に対する異論

保晃会に付属する庭園として、東京の庭園師により設計された浩養園には批判もあった。「東洋学芸雑誌」（写真19）の雑報欄に日光の公園として紹介されている次の文面は浩養園のことと考えられる。

「日光山といえば鉢石、中禅寺、湯元の三ヵ所をも合せて既に関東一の公園と称するも不可なきの思ひあり外国人の一たび日本の邦土に上陸するや先ず此地に来遊して其勝を探らざるは殆どなきなり比頃同地東照宮の境内に美麗なる公園の設あり樹木鬱蒼の中地勢の高低に従て大小の奇石を配置し荊棘を開きて芝生となし種々の花卉を植え小徑迂回、清泉湧出、休憩所を設け腰掛を据付などしたる状欧州温泉、遊散場等の公園に彷彿たり本邦の人は未だ公園の必要に感ぜざるべしと雖も此地来遊の外国人に對しては東照宮社の美麗と共に該公園の雅致をも誇りて示すべき價値あり唯憾む比名山に往々外國より輸入の悪木を雑へ植えざるをなきを、そは米国産の『ハリエンジュ』と稱するものにして東京市中に往年より乱植せし樹木なり（注15）比樹は早く葉を枯らし根を絶やしめよ本邦素より良樹銘木に富む曷ぞ外国種を雑植するを用ゐんや況ん日光に於けるをや」

とハリエンジュを植えたことを非難している。しかし浩養園が完成したのは明治二六年九月一五日であり、完成前の明治二六年七月二五日発行の東洋学芸雑誌に非難の記事が書かれるのは無理があるのではないか。

また鈴木孫八より保晃会に提出された「庭園入用樹書」には、ハリエンジュの記載はない。前記「建碑地植樹其他寄付人名簿」にもハリエンジュの名前は出てこない。

明治二九年の新聞攻撃事件

『日光市史』によると、明治二九年三月二〇日発行の「東京毎日新聞」に日光町有志の名で「保

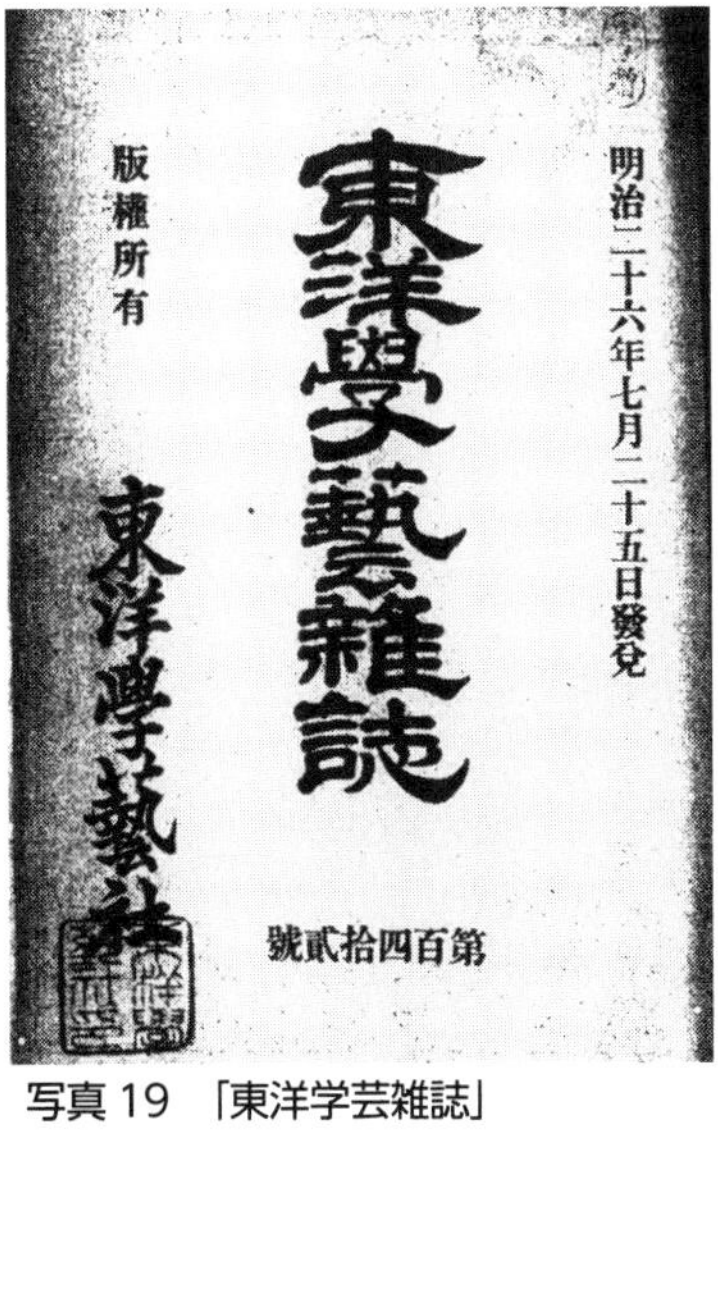

写真19　「東洋学芸雑誌」

晃会の秘事八か条を摘発」し同会の解散を望む旨の記事が載った。また三月一五日発行「萬朝報」第九七七号から一〇二六号にわたり「日光山中の秘と題して保晃会発起人が発会以来、常に会名を利用して日光町民の土地屋敷を詐取し、日光山社寺の財産を左右し私利を営んでいる」との記事が連載された。

そのため保晃会請願委員は明治二九年五月一六日、「日光山社殿保存賛成の諸君に急告する文」を発表し、保晃会攻撃者の意見と「萬朝報」「東京毎日新聞」に対する弁妄書を載せた。それらのうち浩養園については、「保晃会は其主意にもとり、巨額の金員を消費して、不要の庭園を築造せし事」と攻撃している。

これに対し保晃会は毎日新聞に対する弁妄第三項で「保晃会ハ規則第八条ニヨリ（規則第八条二ニ曰ク醵金募集ノ上ハ、其顛末ヲ金石ニ刻シ永遠ニ保存ス云々、以下略）創立并テ募金募集ノ顛末ヲ記載シタ碑銘ヲ建設シタルモノニシテ、即チ規則ノ本旨ヲ履行セシノミ。敢テ不用ノ庭園ヲ構造セシニアラズ」と反論した。

黒田鵬心（注16）は『日光と平泉』（大正五年）のなかで「公園は保晃会の事業で造ったのだそうだが、人工的なつまらないもので、其処へ来ると急に日光を離れたような心地がした。かゝる大自然と立派な建築とを持ちながら、何を苦しんであんな公園を造ったのか殆ど了解し難き仕業である」と非難している。

大正三年、東照宮の依頼により神苑の設計を行った東京帝国大学林学教授「林学博士ドクトル本多静六」（注17）はその折日光全域の調査を行い、大正三年六月二六日、東照宮社務所で講演を行った。そして席上、浩養園について、

「今日該園（浩養園）の訪はるゝこと少なき原因は固より手入れ修繕の不完全にも因るべし雖、抑も亦該園本来の設計法が大市街地に適すべき渋き山林式に據りたる為めにして該地の如き大山林の中には努めて華やかなる様式を採るべきを誤れるものならば与は之を改良するを以て策を得るものなるを信ず」

と述べていた。手入れの悪さと、付近の景観に合っていないことを指摘している。

一二、浩養園の現状

浩養園が明治二六年に完成してから一二〇年以上が経過した。「浩然の気を養う」べく作られた浩養園も、園内に時代の要請する施設が作られるようになり、当初は公園の一部だったそれらの施設も時が経つにつれ、次第に大型化・近代化してくる。当初、園内の一画に造られた宝物館や東武観光センターは、浩養園とは別のものとに考えられるようになり、現在の浩養園はすっかり小さくなってしまった。浩養園の様変わりを述べてみると、次のとおりで

ある。

浩養園造成当時のもの

◎保晃会碑　前記参照

◎石灯篭四基（写真20　春日灯篭三基・雪見灯篭一基）

春日灯篭三基の内一基は工事に携わった石工酒井八右衛門の寄進である。（写真21）他の二基は浩養園造成の際に日光町中本町の高橋源三郎より寄進された自然石燈籠一基と日光町大工町の大嶋太郎次郎より寄進された石燈籠一基と思われ、雪見灯籠（写真22）は買入したものと思われる。ただし高橋源三郎より寄進された燈籠は「自然石燈籠」とあるが、現在では自然石灯籠は見あたらない。

関連する話⑤

浩養園を造成した際の図面は見当たらない。庭園の設計施工は全て「鈴木孫八」

写真 20　浩養園の灯籠　前出・大日本下野国日光山全図（部分）

が行った。当時のことなので設計図なしで工事は進められたのだろう。浩養園完成後の姿は明治三三年四月に発行の「大日本下野国日光山全図」（写真13・20）が見られる。写真は少なく昭和一〇年五月に発行された「日光東照宮寫眞帖」に浩養園の写真がある（写真23）。

大正時代に作られたもの

◎保晃会紀功碑　大正八年六月に作られる（写真4）。文面は次のとおり。

保晃会紀功碑

天下の粋を聚め百工の精を尽して輪奐の美を極めたるものは我が日光の殿堂なり古へは二十年ごとに之れを修補して其の美を保ちしめしも明治維新の後は其の事罷りならずさばかりの殿堂も将に頽廃に帰せんとす下野の有志者大いに之を慨歎し洽く同士に糾合して保晃会を組織し之れが保存を企て

写真21　寄進された春日灯籠

写真22　買入した雪見灯籠

たりしは実に明治十二年なりき爾来拮据経営年を経て会員は海の内外に渉り三万人を越え資金は集りて拾餘万円に達し宮内省よりは特旨を以って金二千円を賜ひ内務省より金八千円を下附せられぬ是れに於て保晃会の基礎なり始めて殿堂の修理を行いしに隅々日光町より付近の山林三百余町歩の寄付あり仍って杉檜等数十万本を植え之を保晃林と名つけ更に上都賀郡粕尾村の山林四千町歩を購ひ以って永遠の維持基礎となせり然るに大正四年に至り会の当事者等相謀りて時運の趨勢に鑑み殿堂の保護は其の主管者に委ねべしとし日光町所在山林及びその他の資産を挙げて尽く之れを二社一寺に寄付し又粕尾村の山林は有償にて社寺に譲り渡し之れと同時にその会を解散せり是れより先殿堂の要部は特別保護建造物となり国家の保護を受くる事となりしが今また

写真 23　昭和 10 年頃の浩養園　昭和 10 年 5 月 15 日 発行　日光東照宮寫眞帖より

この資産を得たるを以て社寺は保晃会の目的を尊重し一層殿堂の修補保存に力を尽し上恩賜の旨趣を体し下寄附者の意趣に副ふことを期せんとす思えば明治維新以来将に頽廃廢せんとせし殿堂を修補し得たれるは尽し神霊の加護によるといへども編へに保晃会の奮起に基ずくものとすべし因って社寺相謀り其功績を石に勒して以て腐朽に伝ふ

大正八年六月

国幣中社二荒山神社宮司　竹間清臣
別格官幣社東照宮宮司　山下三次
輪　王　寺　門　跡　彦坂諶照

昭和になって造られた物

◎忠魂碑（写真24）

日光町より日露戦争他に出征し戦病死した一二名の名前が刻まれている。昭和三年一一月一〇日、御大典記念に建設された。

◎文化財保存会事務所

昭和二五年から始まった昭和の大修理に伴い事務所が建設された。当初二社一寺国宝建造物修理事務所と称したが、途中より現在の名前になった。同事務所付近には旧大修繕事務所があったと思われ、後に東照宮工務所が作られたが、昭和四年には「工務所跡地」となっている。前記「大修繕事務所」参照。

昭和の初期には敷地内にスケートリンクが作られ、昭和一五年に東照宮リンクが武徳殿前に作られるまで使用された。前記「スケートリンク」参照。

昭和十年代後半の戦時中には、付近の住民が開墾し食料増産のための野菜を作っていた。
◎日光市水道の配水池（写真25）
昭和二八年六月　上水道用配水池敷として四五〇坪を当時の日光町に無償で貸し付ける。町では六六〇トンの配水池（三三〇トンを二基）を作り、昭和二九年五月一日に供用を開始した。この配水池は現在も稼動している。
◎松尾芭蕉の句碑（写真26）
東照宮宝物館の横にある。

「あらたうと青葉若葉の日の光り　芭蕉翁奥の細みち日光山吟」とあり、昭和三一年九月、日光市が生んだ画人小杉放菴画伯の揮毫を、日光を流れる大谷川産の黒烏の名石に刻んだもの。

建立者　日光市・東照宮・輪王寺・二荒山神社、石工　加藤平吉
◎「小説徳川家康」記念碑（写真27）
山岡荘八の長編小説「徳川家康」の完成を記念

写真 24　忠魂碑

し、佐藤栄作首相らの発起により昭和四四年秋に建立。設計は東京工大名誉教授谷口吉郎博士、彫刻は高田博厚氏。台石高さ四〇センチの上にたて一・四メートル、横一・二メートル真鶴産小松石の柱をしつらえ、関ヶ原役に公の着用した南蛮胴具足のカブトを形どったブロンズが飾られ、正面に「人はみな生命の大樹の枝葉なり」の著者の句を刻む。台座材は二代将軍秀忠公の墓所増上寺の石垣が使われている。

裏面には説明が刻まれている。

「この碑は山岡荘八氏小説徳川家康を記念して建立する。同小説は昭和二十五年より同四十二年にいたる十八年間の歳を要して書かれた公の生誕より江戸期三百年の平和を築き公が生命の永遠を現認しながら往生してゆくまでの生涯に、四百時詰原稿用紙一七四八二枚を費やした稀有の一大長編である（以下略）。」（注18）

◎駐車場

東照宮表参道が車両侵入禁止になったのを機に、昭和四五年七月頃、四〇台分の駐車場が整備された。一部をタクシーの専用駐車場として、残りの部分を一般の駐車場として開放してい

写真 25　日光市上水道配水池

た。平成一八年に二社一寺が世界遺産に指定されたのを機会に、この駐車場を試験的にタクシーおよび身体障害者の駐車場として使用を開始した。

平成二八年現在、タクシーの駐車場は一一台分指定され使用されている。身体障害者の駐車場スペースは、改めては指定されていない。

一三、この章の終わりに

いま浩養園の池に架かっている木橋を渡ると、左手奥のスギ・モミの古木の中にひっそりと保晃会碑が建っている。公園の中に碑が建っている。だれが見てもそう思うだろう。しかし、事実は「碑」が先であり「建碑付属庭園として浩養園」が造られた。「まず碑ありき」なのである（実際には碑と庭園は同時に造られたが、まず碑の建設が計画され、後に付属庭園が追加された）。

写真 26　松尾芭蕉の句碑

写真 27　「小説徳川家康」記念碑

一四、追記　頌徳記念館（パノラマ館）

頌徳記念館について筆者は長い間、前記の浩養館と同一物件と誤解し浩養園内の建物として本文に載せようと準備していた。しかし後の調べで別の建物と分かったので削除するつもりでいたが、頌徳記念館について当事者の遺族以外は知る人も少ないので、浩養園に隣接している二荒山神社所有地に建てられていたことでもあり、ここに紹介する。

明治三八年、古田長吉は塩田奥造・山村欣一と共同で、二荒山神社前に、三間一六角・高さの五間の頌徳記念館を建設し、徳川一五代に関する書画等を陳列し一般に公開した。頌徳記念館は通称パノラマ館と呼ばれており、上都賀郡立日光尋常小学校（現在の日光小学校）の日誌によると、明治三九年五月五日に日光小学校の職員一同は浩養園内のパノラマ館を見学、五月

写真 28　頌徳記念館に展示されていた「官軍と交渉する安居院慈立・桜本院道順」の図

写真 29　頌徳記念館に展示されていた「官軍と交戦する旧徳川幕府軍脱走兵」の図

写真 30　常行堂の陰に頌徳記念館がわずかに見える

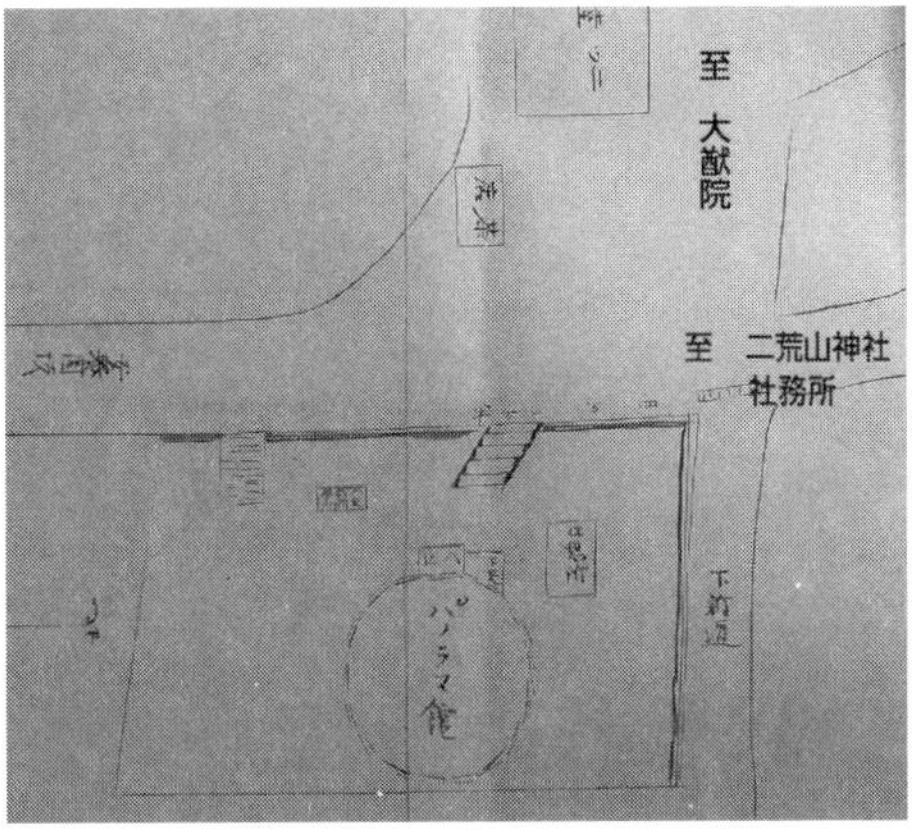

写真31　頌徳記念館の位置

七～八日の二日間で生徒・高等科の生徒がパノラマ館を見学した。写真は絹本に書かれた「戊辰戦争の際に日光を戦火より避けるため官軍と交渉する安居院慈立・桜本院道順の両師」と「官軍と交戦する旧徳川幕府軍」でパノラマ館に展示されていた（写真28・29）。

頌徳記念館の古田長吉館長は吉田羊羹屋の二代目社長で現在の古田長三社長の先々代にあたる。筆者の所有する絵葉書に常行堂・法華堂の絵葉書がある。この絵葉書に頌徳記念館がわずかに写っている（写真30）。

なお、後日見つかった資料によって、頌徳記念館は現在の二荒山神社宮司職舎前の広場に建てられていた事や入口などが確認できた（写真31）。

（注1）木村長兵衛　安政元年七月生まれ、古河市兵衛の甥、明治一三年九月足尾銅山の第四代鉱長に就任する。古河市兵衛の片腕として活躍するも、明治二一年四月食中毒により死去する。享年三四歳。

（注2）ウブ石　日光市の郷土史家星野理一郎の遺稿集「日光の碑標」には、「花石町と久次良の間に在ったオボ石（または夜泣き石）と称する（一対あり）もののうち雄石。雌石は花石町に現存」とある。本書では保晃会文書の「ウブ石」を用いた。

（注3）北白川宮能久親王　伏見宮邦家親王の第九皇子として弘化四年（一八四七年）四月生まれる。慶応三年（一八六七年）六七世貫主として輪王寺門跡に就任。明治二年（一八六九年）、門跡を辞し伏見宮家に帰り、明治五年（一八七二年）北白川家を相続する。明治二八年近衛師団長になり日清戦争に従軍する。日清戦争後日本領になった台湾の掃討作戦中、明治二八年一〇月、四九歳で客死する。作戦中の英姿を伝える銅像は東京都千代田区北の丸公園内に、銅像原型の木像は日光市山内に在る。

（注4）勝安房伯爵　文政六年（一八二三年）江戸旗本の家に生まれる。蘭学を学び炮術・航海術当を修める。万延元年（一八六〇年）咸臨丸の艦長として日本人で始めて太平洋を横断しアメリカに渡った。帰国後幕府海軍の創設に努めた。明治三二年（一八九九）没。

（注5）小暮慈秀篇「日光山資料」より転載。

（注6）両宮殿下　常の宮・周の宮の両殿下（注11・12）。

（注7）佐々木高行伯爵　土佐藩士、宮中顧問官、枢密顧問官を務め、この間、明宮・常宮・周宮の養育係主任でもあった。文政一三年（一八三〇）一〇月一二日生まれ、明治四三年三月二日没。

（注8）松平容保　元會津藩藩主、東照宮第五代（明治一三年二月二日～一七年七月二日）、第七代（明治一〇年九月五日～二六年一二月六日）宮司で、一時は二荒山神社第四代宮司（明治二〇年九月～二六年五月）も兼ねていた。初代保晃会会長、明治二六年一二月五日没。

（注9）彦坂諶厚　明治一六年一〇月五日、第七三世輪王寺門跡となる。明治二八年、大僧正、明治三一年七月四日、六五歳で入寂。

（注10）安生順四郎　保晃会副会長、県会議員、初・二・三代県会議長、明治一二年四月～一六年一一月までの四

年余の在任中は全て議長の職に在った。その後明治一八年二月より明治二三年八月まで上都賀郡長を務める。嘉永元年九月三〇日生まれ、昭和三年五月一五日没。

（注11）常の宮　常の宮昌子内親王、明治二一年九月三〇日生まれ、明治天皇の第三子大正天皇の妹、後の竹田宮恒久王妃、昭和一五年三月八日没。

（注12）周の宮　周の宮房子内親王、明治二三年一月二八日生まれ、明治天皇の第四子、大正天皇の妹、後の北白川成久王妃、昭和四九年八月一一日没。

（注13）大正元年九月東陽堂発行、日光大観より転載。

（注14）鈴木久太郎　明治一三年一〇月一〇日生まれ、昭和六年九月の県会議員選挙で当選、昭和二二年二月辞職、昭和二〇年一一月より辞職するまで副議長を務める。昭和一六年九月六日より昭和二一年一一月一九日まで第一六代日光町長を務める。昭和二三年一一月三一日没。「叔父は町長と県会議員が兼務で何かと忙しかったが、特に副議長の時は非常に忙しかった覚えがある」とは姪の樫村美喜さん（大正六年一一月二〇日生まれ）の話。

（注15）ハリエンジュ　明治五年、勧農寮新宿農学所（後の東京大学農学部）が落羽松等と一緒に輸入した。別名ニセアカシヤ、一般的にはアカシアと呼ばれているが本来アカシヤとは別な物、ニセアカシアが正しい。

（注16）黒田鵬心　美術評論家・東京家政大学教授、一八八五年一月一五日生まれ、一九六七年三月一八日没。

（注17）本多静六　東京帝国大学教授　林学博士ドクトル、明治二三年二三歳の時ドイツに留学しミュンヘン大学を卒業、ドイツ林学を日本に持ち帰り、日本の林学・造林学の基礎を築く。明治二五年東京農科大学（現東京大学）助教授になり、明治三二年林学博士になる。ドクトルの学位はミュンヘン大学で得たもの。

造園学にも精通し東京の日比谷公園・明治神宮神苑・北海道の大沼公園等数多くの公園を設計した。完成はしなかったが東照宮三百年祭の記念事業で計画された「神苑」の設計にも携わった。一八六六年生まれ、昭和二七年没。

（注18）東照宮発行の大日光56号より転載。

参考文献

「日光と平泉」黒田朋心　趣味の友社（大正五年六月一〇日）
「日光山東照宮　三百年祭記念誌」高松實　やまと新聞宇都宮支局（大正四年五日）
「日光東照宮三百五十年祭誌」日光東照宮（昭和五六年一一月一七日）
「日光東照宮宝物館案内」別格官幣社東照宮社務所（昭和一五年十月二〇日）
「郷愁の日光」随想舎（平成一三年八月五日）
「日光市史」日光市（昭和五四年一一月二〇日）
「日光山資料」小暮慈秀　自家出版
「郷土の人々（鹿沼・今市・日光）」下野新聞社（昭和四七年六月二八日）
「日光大観」吾妻健三郎　東陽堂（大正元年九月三日）
「東照宮史」別格官幣社東照宮社務所（昭和二年一二月二五日）

「日光史」星野理一郎　日光史特別頒布会（昭和五二年一月二〇日再販）
「国立公園日光案内」二荒山神社社務所（昭和九年七月一五日）
「栃木県大百貨辞典」下野新聞社（昭和五五年六月八日）
「栃木県史」栃木県（昭和五七年三月三一日）
「近代日本公園史の研究」丸山宏　思文閣出版（一九九四年一二月二一日）
「東洋学藝雑誌」東洋学藝社（明治二六年七月二五日）
「大日光」日光東照宮
「二荒山神社」二荒山神社社務所（大正六年四月十五日）
「日光山輪王寺史」日光山輪王寺門跡教化部（昭和四二年一月二〇日）
「日本著者名・人物辞典」紀伊国屋書店（一九八九年九月二二日）
「栃木県議会の百年」栃木県議会（昭和五四年一一月一八日）
「鹿沼史林一四号」鹿沼史談会（昭和五〇年一月二五日）
「皇族」読売新聞社（平成一〇年八月一五日）
「日本史総覧」新人物往来社（昭和六三年九月一〇日）
「日光の碑標」星野理一郎　日光碑標編集委員会（平成五年二月一一日）
「栃木県議会史」栃木県議会（平成元年三月一五日）
「中国故事物語」河出書房新社（昭和五二年八月二〇日）
「日光一帯の山水風景利用策」本多静六（大正三年六月）

「日光名所図會」 博文館（明治三五年一〇月二一日）
「下野新聞」
「旧保晃会文書」
「文化財保存会文書」
「宮内庁宮内公文館所蔵文書」

第二章　旧日光市に於ける華族等の別邸

一、この章の初めに

筆者はここ十数年日光市光徳の奥にあった西沢金山について調べてきたが、その過程で大正五年頃発行された「西沢金山大観」にめぐりあった。そこには「梨本宮殿下（注1）が日光に別邸を持っている」ことを窺がわせる記述があった。調べたところ梨本宮妃の伊都子は肥前佐賀の鍋島直大侯爵（注2）の令嬢で、侯爵は日光市山内に別邸を持っていたことが分かった。

全容を解明したわけではないが、これまでの調査で判明した日光に所在した華族の別荘を紹介して今後の参考に供したい。なお、調査の過程で御用邸など皇族また実業家や外国人の別荘の所在も判明したので、それらも付記する。

二、三条実美公爵別邸（注3）

勝海舟の明治一九年九月一日付日記に「安生（注4）より申し越し候。三条殿、満願寺続キの分、譲り受け旨問合せにつき宜敷旨」（安生から、三条殿から満願寺隣接地を譲り受けたいと話があった、よろしいのではないかと応えた）と書いてある。

また、明治二〇年六月一九日付下野新聞にも「日光山輪王寺前へ建築中なりし三条内府の別荘は此程全く落成し目下看守人二名が住い居るが頗る宏壮のものなり」という記事がある。明治一九年に土地の手当がつき、翌年には完成までこぎつけたのではないか。

照尊院の菅原道信住職に聞いた話では、「平成六～七年頃に取り壊した照尊院の建物（本堂兼庫裡）は元三条実美の別荘であった。当時照尊院は大谷川の側（現在の鶴亀大吉付近）にあり、明治三五年の台風で被害を受けたので現在地に移転した」とのことだった。

三、鍋島侯爵別邸

梨本伊都子著（注5）「三代の天皇と私に」よると、「御用邸は輪王寺近くにあり鍋島家もその一郭、護光院の隣に建てたのでした。（略）それは私が九歳の頃からのことでした」明治一五年生まれの伊都子が九歳の頃とは明治二四年頃であり、三条実美は明治二四年二月に死亡している。三条の死後、鍋島侯爵が別荘に使用したものと思われる。明治三五年の台風により被害を受け現在地に移転した照尊院の、移転当時の建物は鍋島侯爵の別邸ではないだろうか。

護光院の東隣は保晃会事務所で明治二七年に完成している。明治二八年一二月発行の「日光山内全図」（写真1）によると、中山通りの寺院等は保晃会・護光院・安養院・医王院・光樹院の五軒（文殊堂は安養院内のお堂）で、現在では社寺共同庁舎（保晃会事務所跡）・護光院・

照尊院・安養院・医王院・光樹院の六軒が並んでいる（写真2）。

当時の照尊院は下河原にあり地図には書いてないが護光院と安養院との間（現在の照尊院の場所）に鍋島侯爵の別邸があった。別邸は日常を離れた静養の場所である。その場所を公にする必要はなかったのだろう。

写真3は鍋島侯爵別邸（建替え前の照尊院の本堂兼庫裡）。

関連する話①

後日、菅原信海妙法院御門主（注6）より「三条公爵別邸は現在の安養院・照尊院のところに在った。後日建物を現在のところに移動した」との話を聞かせて戴いた。安養院が現在地に移転した時期は不明だが、登記所の土地台帳をみると明治二三年一一月二八日付けで買得・

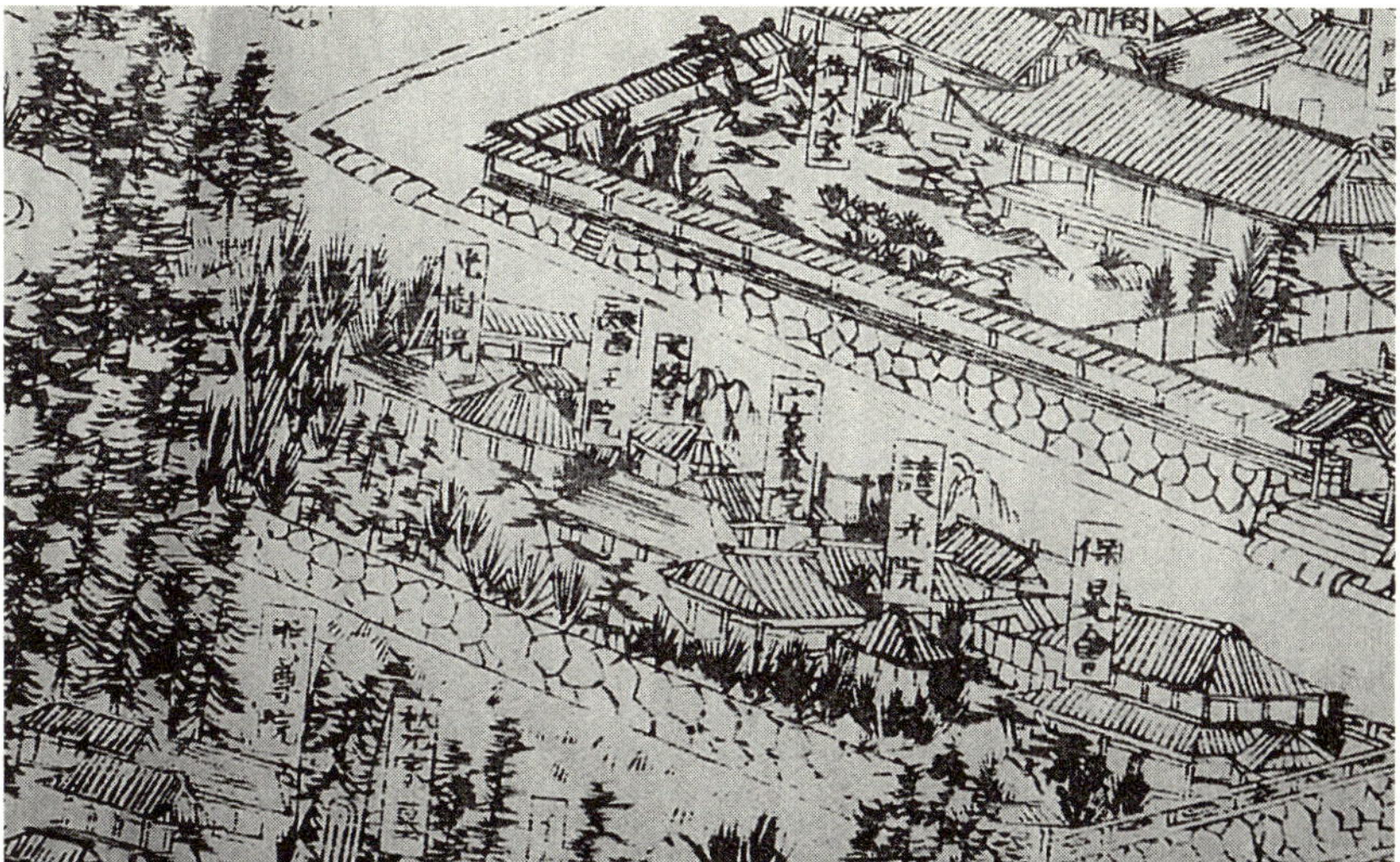

写真1　中山通りの寺院。日光山内全図（部分）明治28年12月20日福田善太郎　発行

登記主氏名欄は大田慈範になっている。それ以前は「登記年月日は空欄で安養院元住職名義になっている」ので安養院は明治二三年一一月以前に移転したと思われる。

後日、日光大観の挿図（日光山全図　明治四二年測量・日光社寺大修繕事務所所蔵）に鍋島別邸（注7・写真4）の文字が小さく書かれているのを見つけた。この発見により鍋島侯爵の別邸は現在の照尊院のところにあったのが確認できた。

写真5は明治四四年頃に外交人旅行者が撮影した保晃会事務所の写真である。事務所は明治二七年に造られているので、建築当時の建物と大きな変化はないだろう。

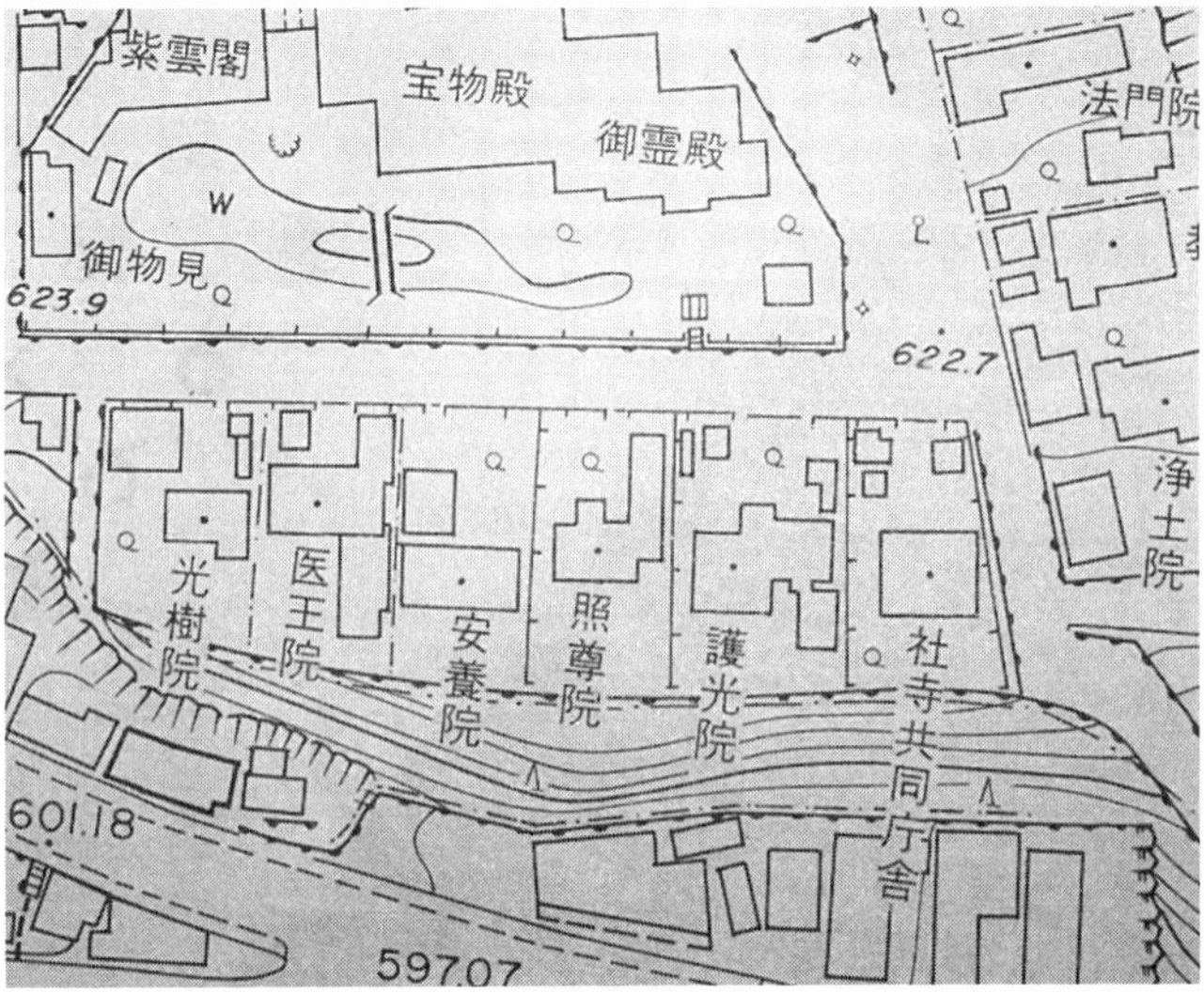

写真２　現在の中山通り

関連する話②

筆者は昭和三九年四月一日に高校を卒業すると同時に、日光社寺営林事務所に勤務した。建物は旧保晃会の事務所であった。屋根は板葺きからトタンに葺き替えてあった。庭木も大きくなっていたが、前庭の石畳や築山は写真5のとおりであった。五〇年以上も前のことである。

四、徳川公爵別邸

社寺水道事務所による水道事業が大正一三年に始まった。当時のものと思われる日光社寺水道配水管略図に「徳川邸」と記入されている（写真6）。現在の輪王寺第二駐車場のところで、江戸時代の遊城院跡である。

筆者は日光市山内の物と思われる古い建物の写真を持っていた。浄土院の故今井昌晃住職（大正四年生まれ）に生前に見て頂いたところ「この写真はかつての遊城院の建物で徳川家達公爵に別荘として御貸ししていた時期があった。その後、建物は売却したが移転・再建され鬼怒川温泉の徳泉閣として再利用されていた」との話であった。

徳川宗家一六代の徳川家達が、いつ日光に別荘を作っ

写真３　建て替え前の照尊院（鍋島侯爵別邸）故足立廣文氏提供

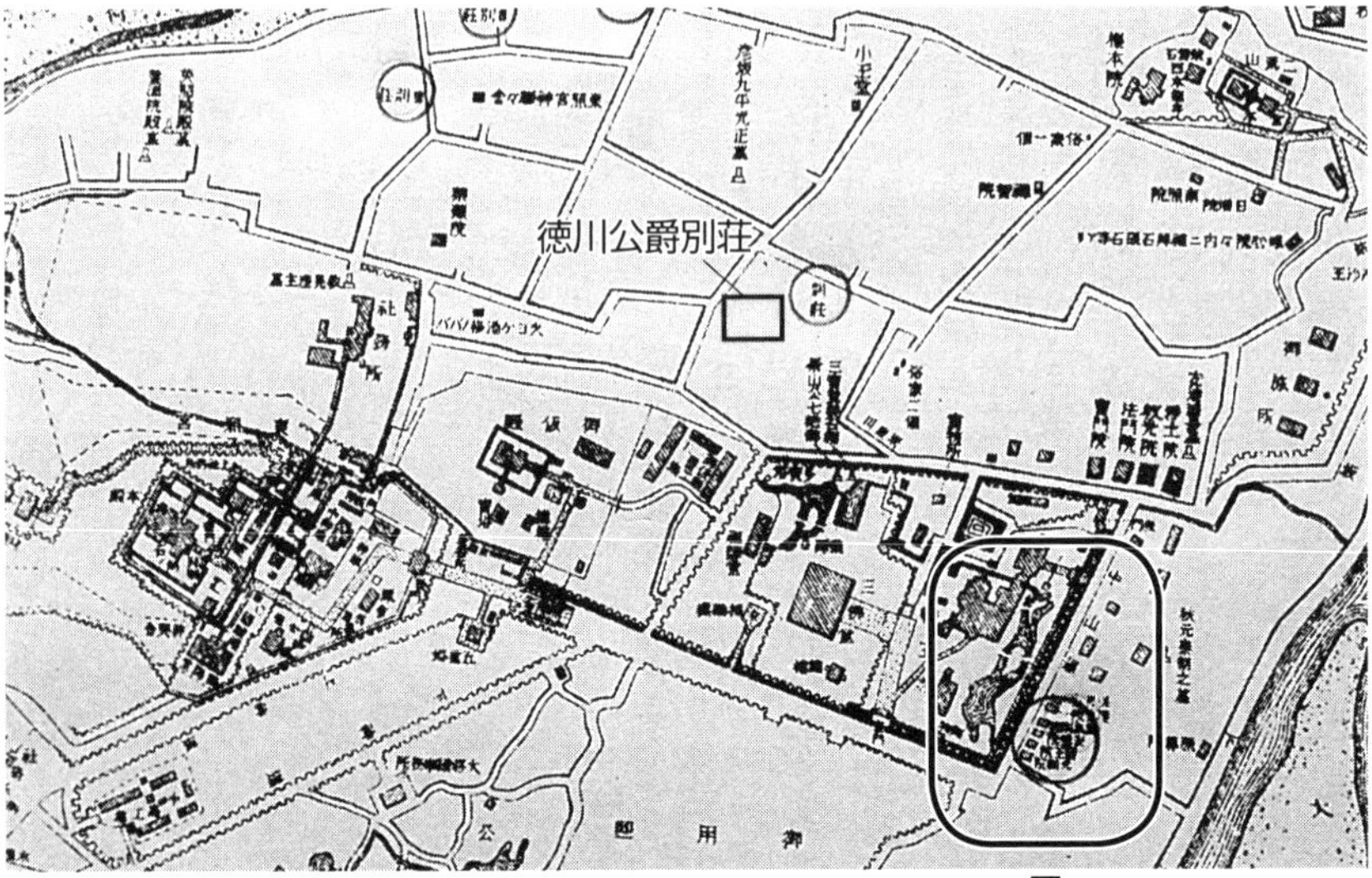

写真４　明治 42 年頃の山内
保晃会から光樹院までの６軒は↔のところにほぼ同じ間口で設けられていたものと思われる。
写真１・２参照

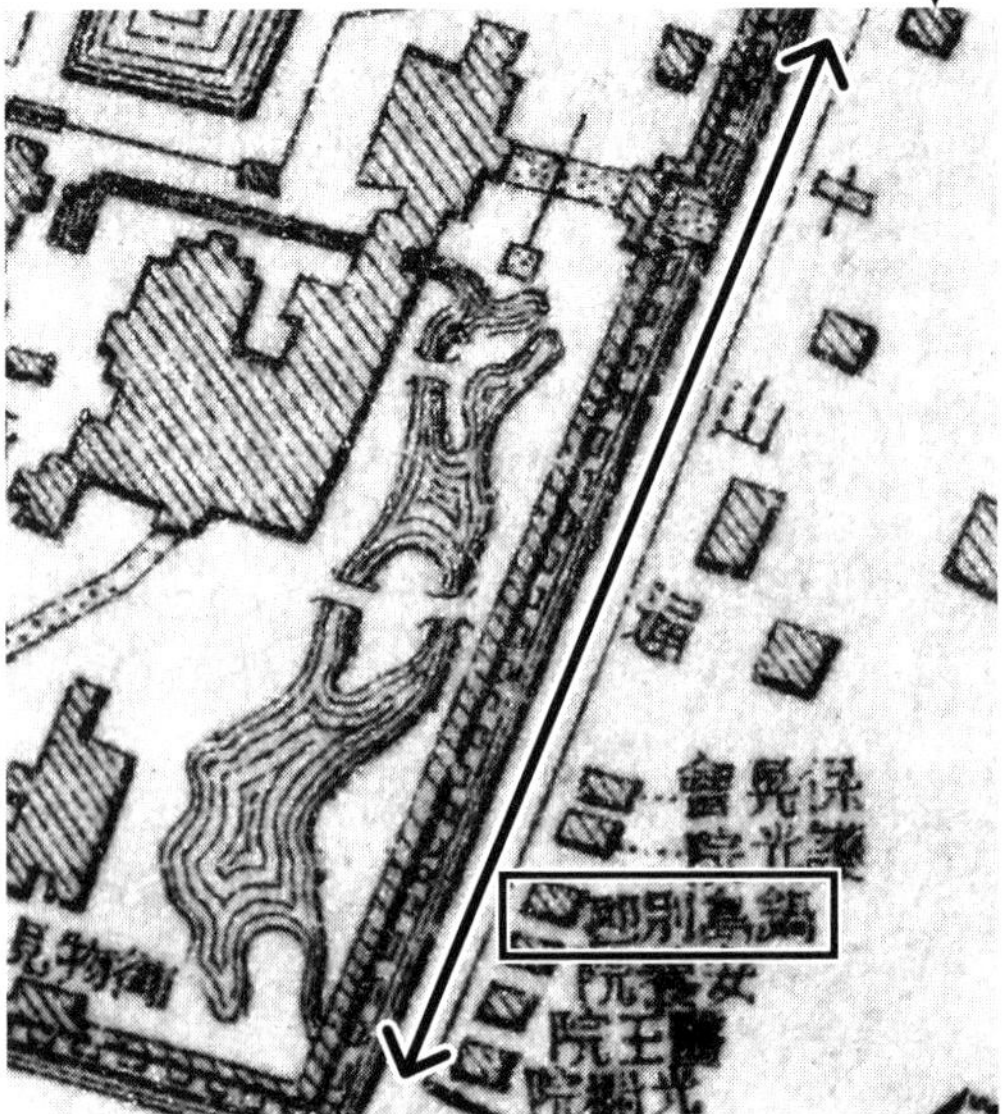

写真５　明治 44 年頃に撮影された保晃会事務所

たかは記録に残っていない。

関連する話③

日光社寺大修繕事務所が作製した地図の旧遊城院の場所は、別荘と書かれている。位置的に時代的に徳川公爵の別荘と思われる（写真４）。地図は明治四二年に測量されているので明治四二年には別荘は建てられていたことになる。

鬼怒川温泉の徳泉閣は昭和二一年に開館した。昭和五三年頃に名前を徳泉閣ホテルに変えたが当時のパンフレットを見ると「徳川公爵家の別荘を鬼怒川温泉郷に移したのが当徳泉閣ホテルで御座います」と書かれ、そこには木造の建物の写真が載っている（写真７）。その後モルタル造の増築が行われたが（写真８）バブル崩壊後に廃業した。後日、跡地は日光市で購入し、平成二〇年七月、湯街公園として生まれ変わり市民や観光客に利用されている。

写真９は浄土院の今井昌英住職より提供頂いた徳川公爵の別荘である。

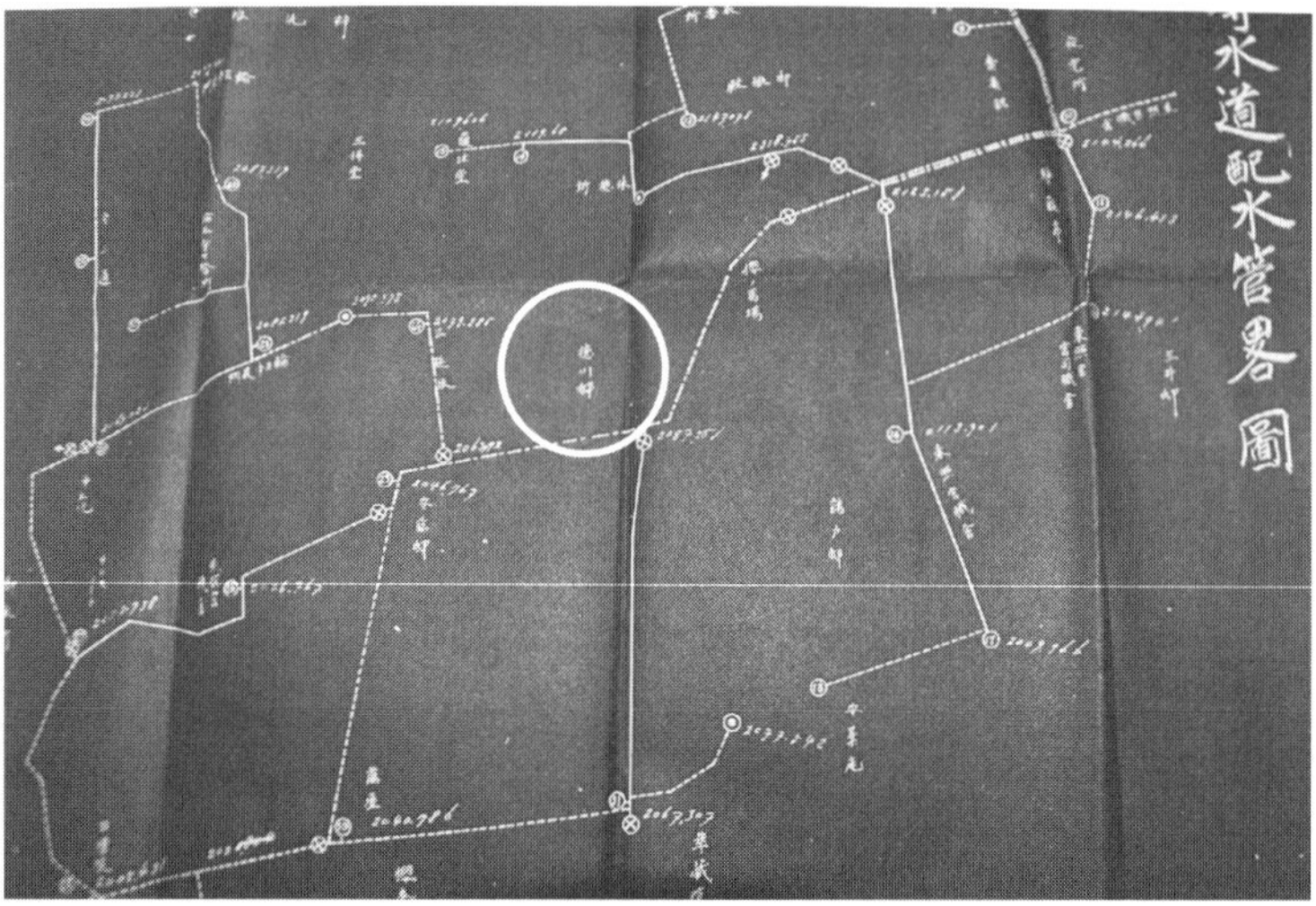

写真６　日光社寺水道配水管略図

写真７　鬼怒川温泉　徳泉閣
ホテルパンフレットより

写真８　増設された徳泉閣ホテル
写真提供　きぬ川国際ホテル

写真９　徳川公爵別荘（遊城院）今井昌英氏提供

五、勝安房伯爵別邸

明治二六年一一月、七一歳になった勝安房伯爵は日光の二荒山神社の本宮下《ほんぐう》（注８）、当時の日光小裏に土地を買い求め、別荘を建てて滞在するようになった。勝安房は明治三二年一月、七六歳で死去する。

死後しばらく空き家になっていたが、その後日光小学校の裁縫室として使用され大正一四年に始まった校舎新築工事で取り壊された。

日光小学校の裁縫室は現在の小杉放菴美術館の駐車場の北部大谷川よりにあった。明治三三年発行の日光山両社真図には「勝伯別荘」の文字が見える（写真10）。

また明治四〇年～大正七年頃に発行されたと思われる絵葉書「天王山より日光二十街を望む」にある日光小学校裏の建物はかつての勝伯爵の別荘で

写真 10　日光山両社新図（部分）明治 33 年 4 月　市村伊三郎

写真 11　勝伯爵の別荘？

あろう（写真11）。なお、明治二六年九月二五日付勝海舟日記に書かれている「日光の地所松方より引き受け、千円、安生へ万事委任」とあるのは、別荘を建てた敷地のことと思われる。

六、榎本武揚子爵別邸（注9）

明治二〇年六月一九日付下野新聞によると、「仝處（日光町）観音寺山へ普請中なる榎本子爵の別業（別荘）は大半竣工し昨今内部の修飾中なりと言う」とある。観音寺山とは字名の「字観音寺山」のことと考えられた。日光市大字日光字観音寺山は六筆あった。六筆とも観音寺の境内地等である。榎本子爵の別荘は観音寺の境内にあったと思われた。

新たな資料が見つかった。明治二九年九月三〇日付で榎本武揚と鉢石共有総代三名とによる地所貸渡之証である。これによると榎本は観音寺の裏山「竜ガイ山」北東側の（民有宅地に接する）約一〇〇坪の草山を一五年の期間で借り受けた。新聞の報道は通称「観音寺山」だったのだろう。竜ガイ山の山頂近くの平地を歩いてみると、眺望が良く榎本の別荘跡地と思われた（写真12）。

しかし、明治三〇年代に金谷ホテルで発行した鳥瞰図があるが、ここに描かれている建物は別荘ではない（写真13）。明治二六年一一月発行の「栃木縣日光町及水力電燈之眞景」には茶亭とあり（写真14）これまた別荘ではない。明治二二年七月一〇日付下野新聞には、「日光市街の近況（略）龍峠山茶店の如きは大弓場の設けあるも射り人なく吹矢の店少々は吹き人あり」とあり茶亭の様子が窺える。榎本子爵の別邸は観音寺の付近にあったことは間違いない。竜ガイ山の山頂近くの平地附近に別荘は在ったのだろう。しかし正確なことは分からない。

なお、当時の榎本は逓信大臣の地位にあり五月二四日には子爵に列せられた。明治三一年には保晃会第三代会長に就任している。

写真 12　別荘跡地？右円内。左円内は観音寺

写真 13　MAP OF THE DISTRICT IN THE VICINITY OF THE KANAYA HOTEL NIKKO
（部分）　日光市立日光図書館蔵

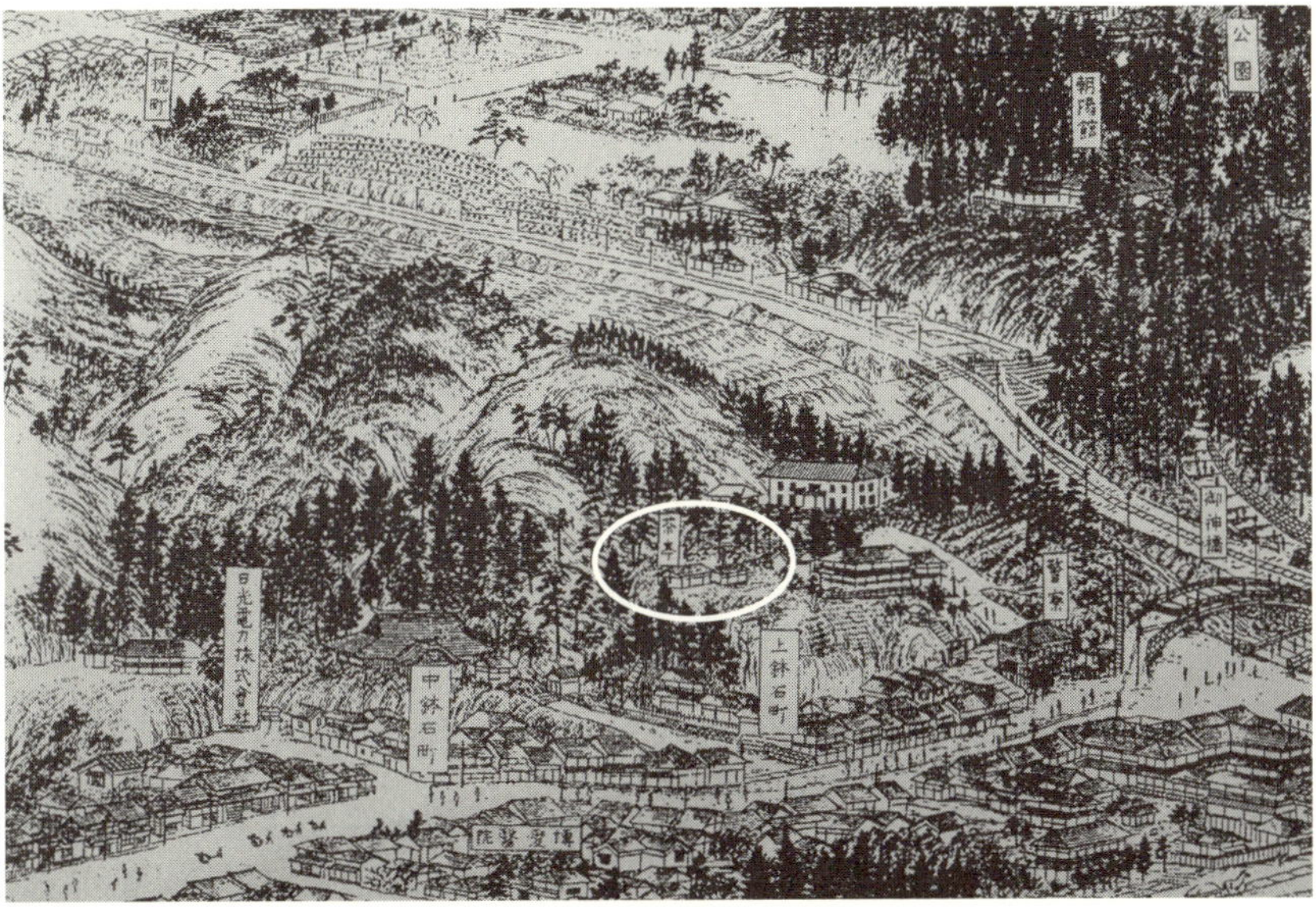

写真 14　茶亭　栃木県日光町及び水力電燈之眞景（部分）

七、前田利嗣侯爵別邸（注10）

前記、梨本伊都子著「三代の天皇と私」によると、「加賀の前田家の日光の別荘は、この夏誰も使わないので拝借した」とある。この夏とは明治四二年のことで、この年前田家では六月に鎌倉の別荘に皇后が行啓されている。行啓に備えて別荘の手入れは十分にしたと思われるので日光の別荘は使用しなかったのではないか。

なお前田家では明治二三年に日光に別荘を持ち、明治三二年八月、皇太子が行啓されている。なお、皇太子は明治三二年七月二八日より九月一〇日までの四五日間、田母沢御用邸に滞在されている。

しかし、前田侯爵の別邸がどこに建っていたかについての記録は見つかっていない。前記、明治四二年測量の「日光山全図には四軒の別荘の文字が書かれている。

四カ所の別荘のうち一カ所は徳川公爵の別荘であり、残り三カ所は現在東照宮神馬の馬場（大正一三年頃は三井家別荘）・個人の住宅・別荘であるが（写真15）このうちの一カ所は加賀前田

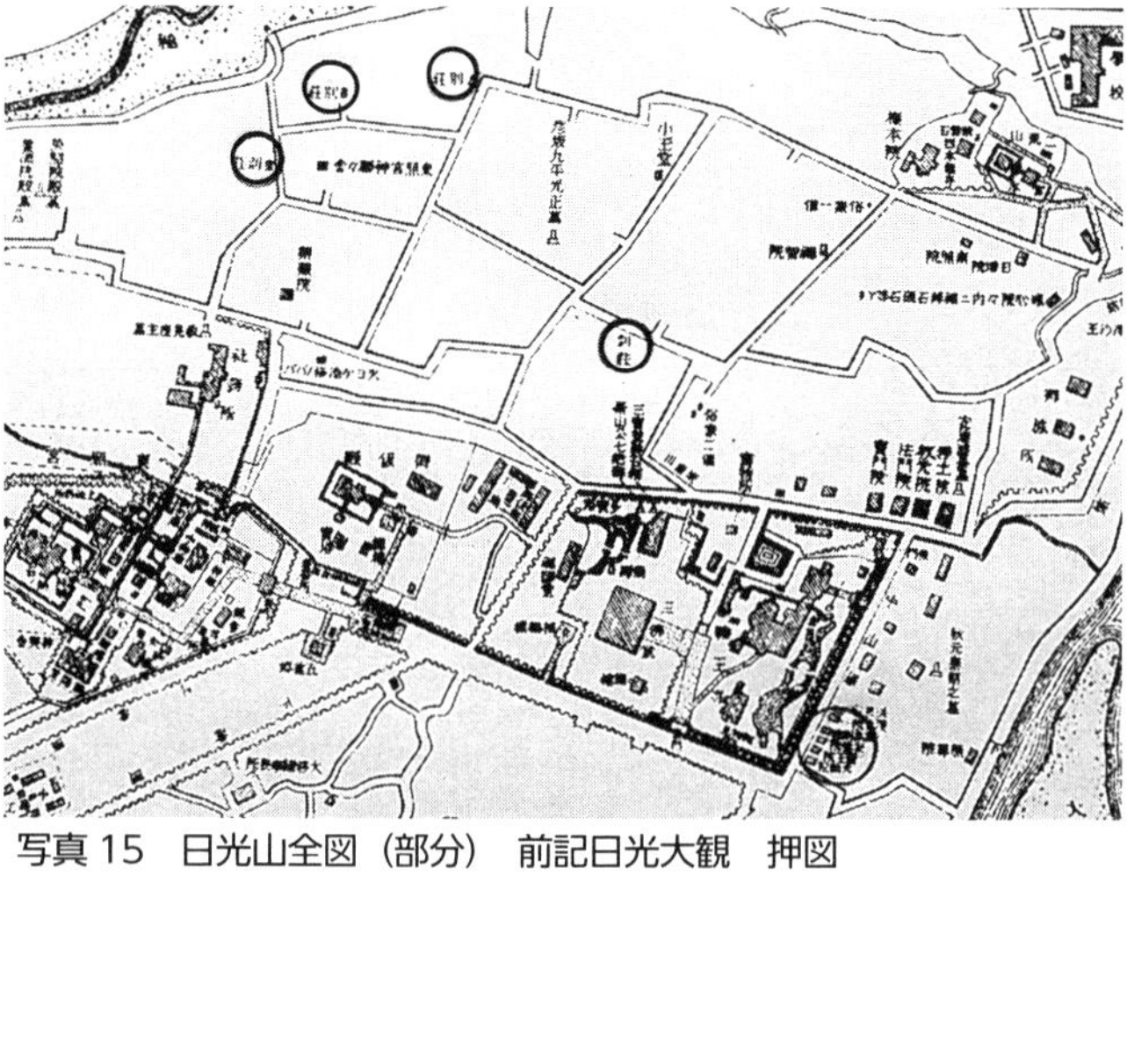

写真 15　日光山全図（部分）　前記日光大観　押図

家の日光の別荘にほぼ間違いないと筆者は考えている。

新たな地図が見つかった。「日光町市街全図索引付き営業案内」である。これによれば前田侯爵の別邸は四軒町（現在の本町）あった。この地図の発行は大正六年一二月三〇日である。前田侯爵の別邸はいつまで日光にあったのか？　今後の調査課題である（写真16）。

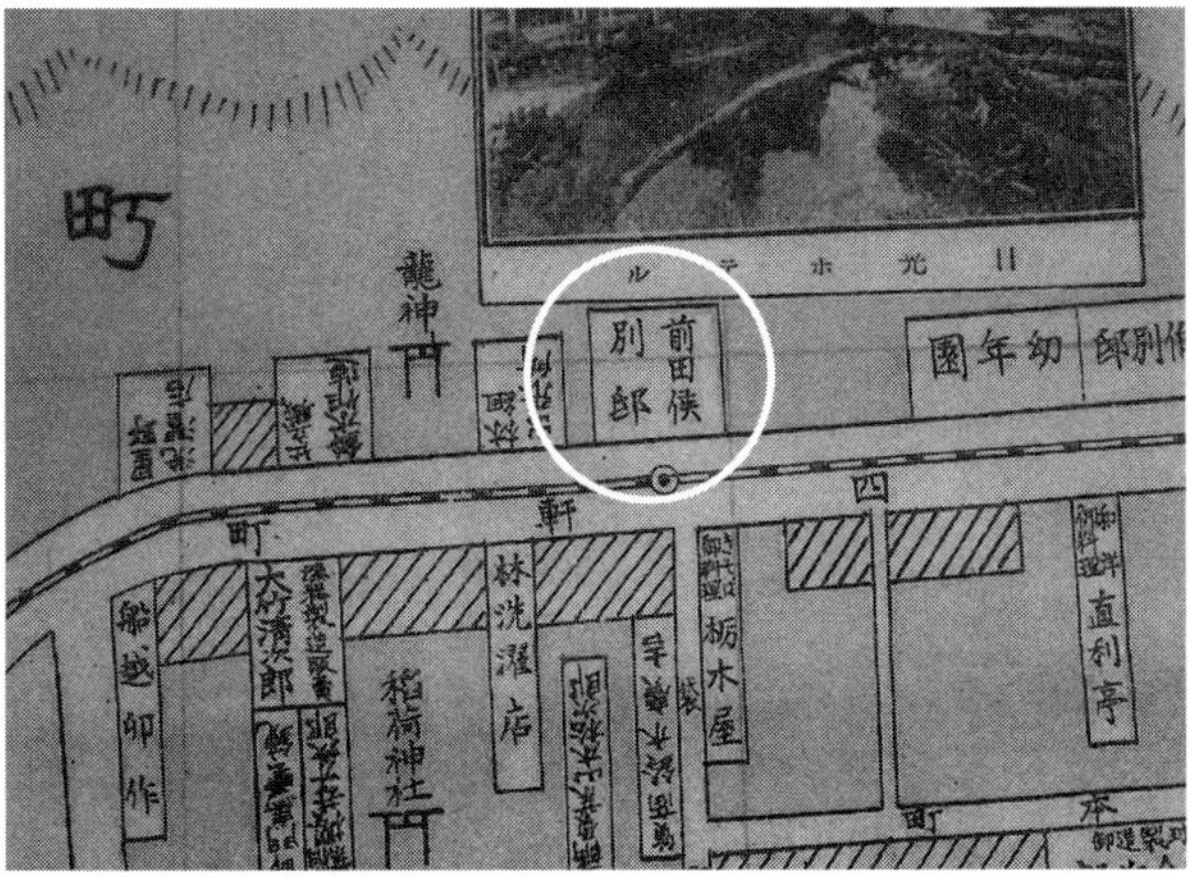

写真 16　前田侯爵別邸

八、三宮男爵別邸（注11）

アーネスト・サトウ「公使日記」の明治二九年八月二五日に、「三宮夫妻を訪ねる。彼らの家は含満ガ淵にあって田舎風の美しい庭のついた快適な住まいである」とあり、ベルギー侯爵夫人の明治日記の明治三六年九月一九日付には、「三宮男爵の別荘は日光市内からやや西寄りの含満ガ淵にあった」と記されてる。

林学博士ドクトル本田静六が大正三年六月二三日、日光東照宮社務所における講話の際に含満ガ淵について、「旧中禅寺道には感満淵邊より、三ノ宮邸前に出る為めに（略）大谷川に分る、處より三ノ宮別邸前に出ずるまでの間は現在九尺なるも（以下略）」と話している。

旧中禅寺道について日光の郷土史家星野理一郎は著書「日光史」で、「明治初年に大谷川に沿うて中禅寺道が開かれた。下川原から浄光寺墓地下の懸崖を陘、含満の奇勝を脚下に眺めつゝ何處までも大谷川に沿うて（略）この道は明治四三年電車の開通するまで使用」（以下略）と書いている。

これらのことから、三宮男爵の別邸は現在の日光植物園の南側含満ガ淵際（写真17）にあったものと考えられる。

日光市久次良在住のTさんの曽祖父は三宮家別荘の管理をしていた。登記簿によれば別邸があったと思われる土地は、明治四一年にTさんの曽祖父の所有になり、その後、東京帝国大学付属植物園になっている。なお、三宮義胤男爵は明治三八年八月に死去しているので、別荘も使用しなくなったのだろう。

三宮男爵は別荘のあった土地以外にも土地を所有していた。日光市久次良に「三ノ宮」と呼ばれている住宅街がある。この場所は元三宮家の所有であり山林などであったが、昭和五〇年代住宅地に開発された。

なお、明治二二年七月一一日付下野新聞によると「三宮主殿頭全氏夫妻には一昨日登晃の予定なりしが

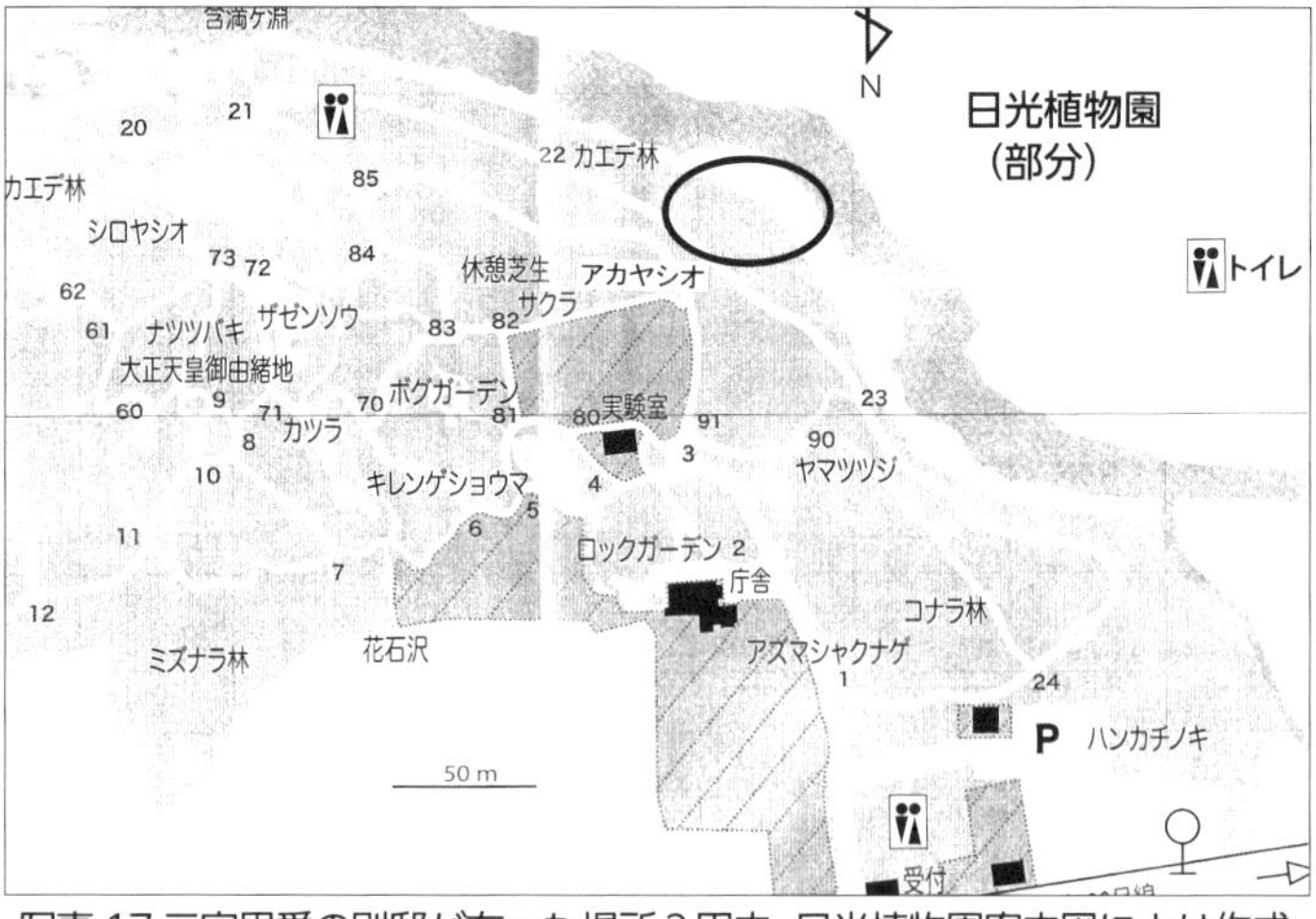

写真 17 三宮男爵の別邸が在った場所？円内　日光植物園案内図により作成

豫て同地字蓮華石大谷川の沿岸に新築せし別荘の掃除が間に合ざる為め明日に見合わせたりという」とあり、別荘が明治二二年七月頃に完成したことを示している。

九、伊達伯爵別邸

江戸時代には医王院が所在し、前記・日光社寺水道配水管略図に「安楽庵」（図5では安薬庵と誤記）と記載されている場所である。平成二四年の頃、当時の輪王寺菅原御門跡（注12）にお聞きしたところ「安楽庵とは仙台伊達伯爵の別荘で伊達家の前は安田善次郎（注13）の別荘だった」との話であった（後記安田善次郎別荘参照）。

戦後、建物は数人の所有者を経て現在は東観荘になっている。今では「仙台伊達公ゆかりの宿東観荘」の看板が掛かっているだけである。

一〇、山尾子爵別荘

江戸時代末には祐南坊があった場所で、菅原前御門跡の話では、「日光田母沢の付属御用邸の主、澄宮（後の三笠宮）の筆頭侍従を務めた山尾三郎子爵の別荘で、付属御用邸と同じころ建てられた」とのことであった。

戦後敷地は医王院に返却されたが建物は残されていて、日光市稲荷町在住の関谷節氏（前社寺水道事務所長）は昭和三六年一一月三日二九歳の誕生日に旧山尾別荘を借りて結婚披露宴を行っている。昭和六〇年には建物は取り壊され清晃苑が造られた。

これまで華族の別荘を見てきたが日光には御用邸をはじめ皇族の別邸や財界人の別荘もあったので、現在知りえた範囲でそれらを整理する。

一一、田母沢御用邸

東宮殿下（後の大正天皇）の避暑のための御用邸として、明治三一年に創建された。建物は赤坂離宮（紀州徳川家江戸中屋敷）の一部を移築し、建設当時すでに建てられていた小林年保（注14）の別荘に新たな部分を加えて造営された。写真18・19は建設中の御用邸。

その後、皇太子の御用邸として造られた御用邸は大規模な改修・数度の小規模な改修を経て、大正一〇年には天皇の御用邸として相応しい現在の姿になった（写真20）。

昭和天皇は那須御用邸を利用したため、田母沢御用邸の使用は一回のようであるが皇族が利用した。昭和一九年に

写真 18　　建設中の田母沢御用邸　写真提供猪瀬満枝氏

写真 19　完成間際の田母沢御用邸　写真提供猪瀬満枝氏

写真 20　旧田母沢御用邸　写真提供日光田母沢御用邸記念公園管理事務所

は皇太子だった平成天皇が学習院の疎開により長期間御用邸に滞在した。

昭和二二年一〇月、栃木県観光協会は旧田母沢御用邸を、栃木県を経由して大蔵省より借り受け一般に公開した。翌昭和二三年六月、資本金一〇〇〇万円（栃木県は四〇〇万円出資）の日光国立公園株式会社が設立された。同社は引き続き旧御用邸の公開をおこなった。また、のちに述べる山内にあった日光博物館を移転して、日光博物館としても御用邸の一部を利用した。

一二、日光（山内）御用邸～パレスホテル等

明治二六年九月に東照宮の朝陽館（後記朝陽館参照）は皇室によりお買い上げになり（注15）、東宮殿下（後の大正天皇）や皇族が利用した。明治三二年に皇太子殿下のために田母沢御用邸が完成した後も皇族が利用した。昭和二〇年八月、終戦により日光の三つの御用邸は使用されなくなった。

一方、金谷ホテルや日光観光ホテルなど外国人用の宿泊施設はＧＨＱに接収されたため、観光客や貿易などに携わる軍人以外の外人が宿泊できる施設はなくなってしまった。

このため昭和二一年一〇月栃木県は当時の宮内省より日光御用邸を無償で借り受けた（注16）。さらに昭和二二年一〇月栃木県観光協会は栃木県より旧山内御用邸を借り受け「日光パレスホテル」として外人向けの宿泊設備として営業を始めたが、本格的な営業は翌昭和二三年六月に資本金一〇〇〇万円（栃木県は四〇〇万円出資）の日光国立公園株式会社が設立されてからである。

ＧＨＱに接収されていた金谷ホテルは、昭和二七年に接収が解除され、軍人以外の外国人が利用できるようになった。戦後のホテル不足の解消を図るべく造られた日光パレスホテルは、ホテルとしての営業を止めて、新たに日光博物館（写真21）として昭和三二〜三三年頃スタートした。

日光博物館とは同館発行のパンフレットによると、地理室・植物室・昆虫室・動物室・映写室兼講堂を主に売店・付属食堂・無料休憩所等を備え団体で予約があれば夜間でも公開した。この博物館がいつ閉鎖になったかは不明である。昭和三五年五月、旧日光御用邸（山内御用邸）は二社一寺が大蔵省より払い下げを受けた。昭和三七年中より輪王寺の寺務所として利用されている（写真22）。

関連する話④

日光博物館の変遷　昭和二三年四月に旧田母沢御用邸の一部を利用して、日光の地形・地質・動植物・歴史・美術工芸などを紹介した日光国立公園博物館が開館した。これらの展示品は、その後、昭和三二年頃にオープンした旧パレスホテル（元日光御用邸）に設けられた日光博物館（写真21）に新たに整備された展示品と共に並べられた。しかし、ここでの日光博物館の寿命は短く、昭和三五年頃には閉館して旧田母沢御用邸の一画に再度オープンした。

写真 21　日光博物館　同館パンフレットより

写真 22　現在の輪王寺社務所

一三、田母沢付属御用邸（澄宮御殿）

大正天皇第四皇子澄宮《すみのみや》（後の三笠宮）の御殿である。田母沢御用邸の一画に付属邸として大正五年に造られた。（写真23）

大正五年六月二九日付下野新聞に、次のように紹介されている。

> 目下御造営中の付属御用邸（澄宮御殿）の工事の模様を同御用邸は、田母沢御用邸内に於かせらる、絶景中の絶景を構えられる田母沢川に沿った一郭で、地高く御苑内の風光山又山をに集めた幽邃である。（略）漏れ承はる所に由ると御殿は御居間、御次の間、御寝の間の三間続きで御造作の儀も極めて御質素ものだそうである。（略）御玄関は（が）立派に出来あがった御正門（写真24）は田母沢川橋を渡って直ぐ四～五間先に作られ通用御門は御用邸御正門から右

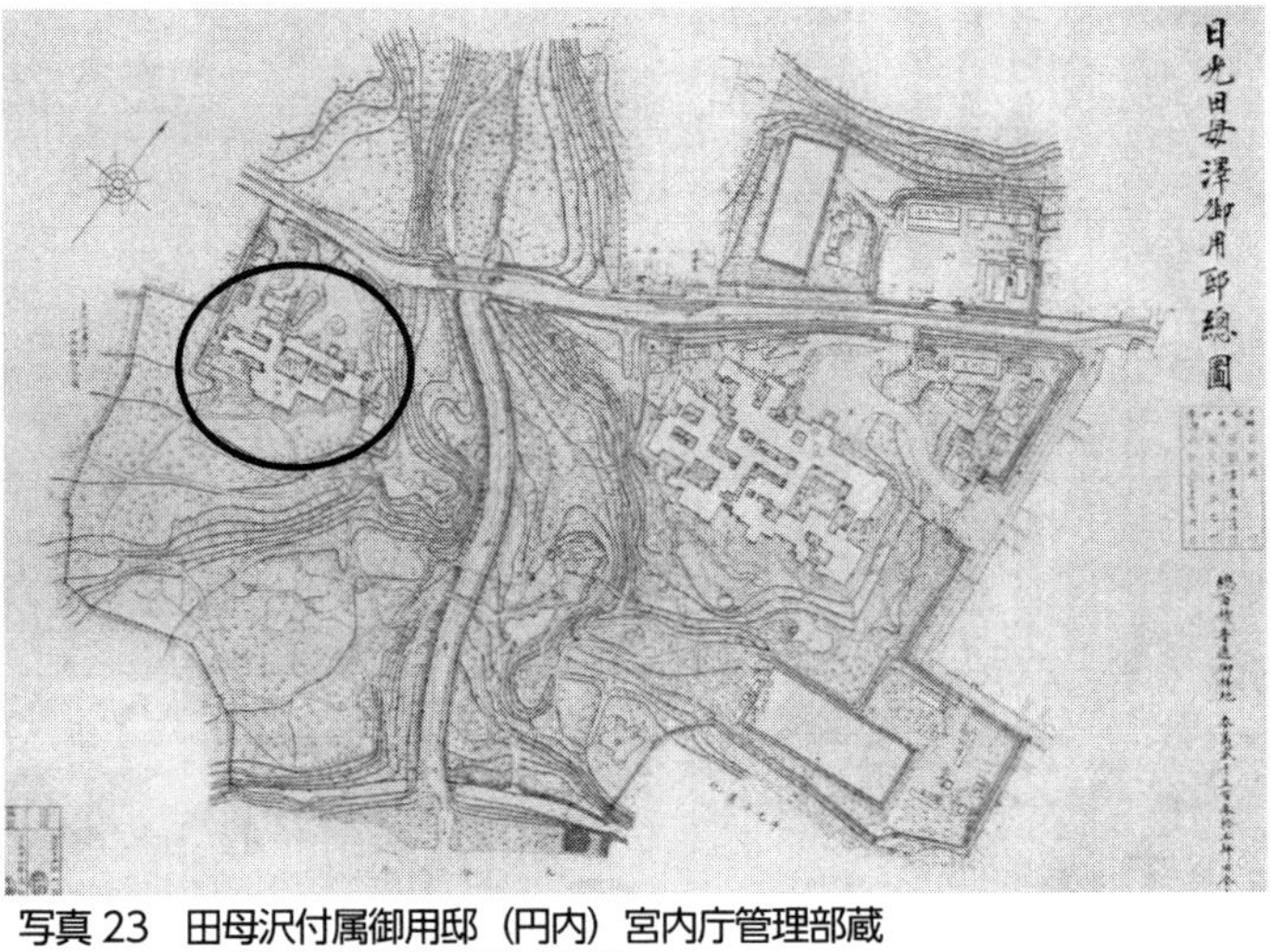

写真 23　田母沢付属御用邸（円内）宮内庁管理部蔵
日光田母沢御用邸総図より

手の角に設けられることに相成り（略）附属の建物は仕人官舎警手詰所等と附属御用邸の様子を知ることができる。

写真25は田母沢付属御用邸お車寄せ、写真26は田母沢付属御用邸の南側よりみた御殿である。

戦後は前記田母沢御用邸と同じく日光国立公園株式会社の管理になり、田母沢会館（後に田母沢別館）として経営され修学旅行生らに利用された。昭和五四年には建物の老朽化により鉄筋コンクリート造りに建て替えられ田母沢会館・田母沢ホテルとなったが、平成一八年に取り壊され現在は更地になっている。

一四、北白川宮御用邸

北白川宮御用邸は日光市安川町（現在のホテル千姫）にあった。いつの頃に造られたのか資料はほとんど見当たらないが、明治二一年に敷地を取得しているので、その頃に御用邸が造られたのではないか。

写真24　付属御用邸正門　宮内庁宮内公文館所蔵写真帳より

写真 25　田母沢御用邸付属邸　御馬寄せ　宮内庁宮内公文館所蔵写真帳より

写真 26　田母沢付属邸　　御殿外部　宮内庁宮内公文館所蔵写真帳より

二代北白川宮能久親王は明治二八年に台湾で戦病死している。三代の成久王は大正一二年自動車事故により三七歳で薨居。四代永久王は昭和一五年戦死した。北白川宮御用邸を利用した期間は上記二～四代の宮様の時代と思われる。

大正五年七月二〇日付け下野新聞には「北白川宮房子内親王殿下妃には王子殿下御同伴二〇日をもって日光山輪王寺に御避暑あらせらるべく（略）竹田宮恒久王殿下（注17）には昌子内親王殿下並びに若宮姫両殿下御同伴二二日を以て日光山内御用邸にご避暑あらせらるべき旨承る」とあり、このときは、両宮家共に北白川宮御用邸を利用していない。

なお、社寺共同事務所の江川好春初代所長（当時の役職名は主任）は北白川宮御用邸の管理をしており、昭和三八年頃まで敷地内に住んでいた。写真27は昭和三〇年頃の北白川宮御用邸（円内）。

新たな資料を見つけた。北白川宮御用邸の開設についての明治二二年七月七日付下野新聞である。

「（御用邸の）樹木の植込み（略）日光善如寺谷に今新築されたる別邸の御庭に数日前より雨をも厭わず槇、青桐、櫟、其他の樹木数十種を植込みたる由」と

写真27　昭和30年頃の北白川宮御用邸（円内）
日光・鹿沼今市今昔写真帳　株式会社郷土出版社

あり、明治二二年には北白川宮御用邸は完成していると思われる。

一五、竹田宮御用邸

「日光市史下巻」五四五ページに、「また、同年（明治四四年）八月三一日皇太子殿下誕辰と皇太子妃殿下全快の奉祝のため（略）竹田、北白川両宮殿下の御用邸前で万歳を三唱し散会した」と竹田宮御用邸の記述がある。

登記簿を調べても、北白川宮御用邸の土地は見つかるが竹田宮御用邸の敷地は見当たらない。もしかすると、竹田宮御用邸は北白川宮御用邸敷地内にあったのかもしれない。しかし詳細は不明である。

一六、梨本宮別邸

前記の「西沢金山大観」の記述に、「梨本宮殿下は日光に成らせられ、高橋氏（注18）の健気なる奮闘ぶりを聞召されて特に缶詰を下賜された。氏は身に余る光栄に感涙して早速下山参邸して厚く御礼を申上げんとしたが（略）間もなく一人の工夫が呼吸せき切って駆け戻り只今宮様が此処處に御出でになります」（以下略）と書かれている。

梨本宮は日光にある別邸から西沢金山に行ったのではないか。また「三代の天皇と私」に、

「宮様も軍務の間を縫って日光にお見えになり、散歩の折には鍋島家にお立寄りあそばされた」とある。

ホテルに宿泊・他家の別荘に滞在して散歩しても不思議ではないが、別邸があったのではないか。

ただし明治四二年の夏は前田侯爵の日光の別荘を借りて一夏を過ごしているので、この時点では梨本宮家の別邸はなかったと思われる。

一七、麻生三郎別荘（注19）

麻生は、現在の日光市安川町の東武観光センター付近（旧城祐坊跡）に土地を持っていた。明治二六年、保晃会が浩養園を造成する際に同園の一部として利用するために、保晃会が所有していた別の字善如寺谷の土地と交換した土地である（注20）。この場所には別荘が有ったと考えられる。交換した土地への移転費用と思われる一二七円七八銭が保晃会より支払われていた（後記「保晃会碑および浩養園の建設費用」参照）。麻生は交換した字善如寺谷の土地を、明治四二年一〇月まで所有していた。

一八、三井家別荘

前記日光社寺水道配水管略図に三井邸と記入されている。現在の東照宮神馬の馬場付近と思われる。

菅原前門主は「記憶にない」との話であった。使用期間が短かったのか？　詳細は不明である。

一九、安田善次郎別荘

現在の東観荘の場所に安田善次郎の別荘があった。「安田善次郎伝」に、「（明治一九年）八月二六日日光に赴く（略）氏（安田善次郎）の別荘を此の邊に建築するの企てがあったので、宇都宮より然るべき大工を呼び寄せ、家屋の絵図面等を調整した」と書かれている。規模などは不明である。前記伊達伯爵別邸参照。

二〇、ホーン別荘（レストラン明治の館）

明治末期にアメリカ人貿易商F、W、ホーンによって建てられた。ホーンは、植木萬里・松本武一郎らと共に日本コロムビアレコード株式会社の前身「日米蓄音機製造株式会社」を設立した人物である。大正時代には三重県桑名市の室戸清六が買収した。前記日光社寺水道配水管略図に室戸邸と記入されている。昭和二〇年代には前記パレスホテルの別館としてローズマンションの名前で利用された。そこには、シルバーフォックスという名称のバーが設置されていた。現在ではレストラン明治の館として利用されている（写真28）。

関連する話⑤

ホーン別荘（明治の館）は江戸時代の護光院跡地に建てられた。輪王寺第七三世門跡「彦坂諶厚大僧正」は護光院より出ており、お墓は明治の館の駐車場の隅にある。

二一、武田栄太郎別荘

武田栄太郎は駐日イギリス公使アーネストサトウ（注21）の長男である。サトウは文久二年九月来日以来、日本での通訳官・外交官勤務は通算二五年に及んだ。彼は明治四年の頃結婚したと思われ、二男一女に恵まれている。

明治三二年、日本公使を離任する直前には、家族のために別荘を作っている。別荘は、日光市山内の浄土院敷地四二六坪の土地を借り受けて造られた三八・二三坪の建物であり、七月頃には完成している。別荘には当時の日本家屋には珍しい内廊下が作られ

写真 28　レストラン明治の館

ていた（写真29・31）。

この別荘の使用期間については、地上権契約では二〇年契約となっているので大正八年までと思われる。横浜開港資料館に残されている武田家文書の「浄土院今井徳順住職の手紙」も大正七年が最後である。

浄土院の今井昌英住職にこの別荘の平面図を見て戴いたところ、「現在の浄土院の本堂（写真30）はアーネストサトウが作った武田栄太郎の別荘をもとに増改築をしたもので、図面の一部の部屋も多少改築しているものの現在も使用している」との話である（写真

写真29　浄土院の内部　中央は内廊下・右は６畳２間・左は８畳２間・突き当たりは外廊下

写真30　浄土院本堂

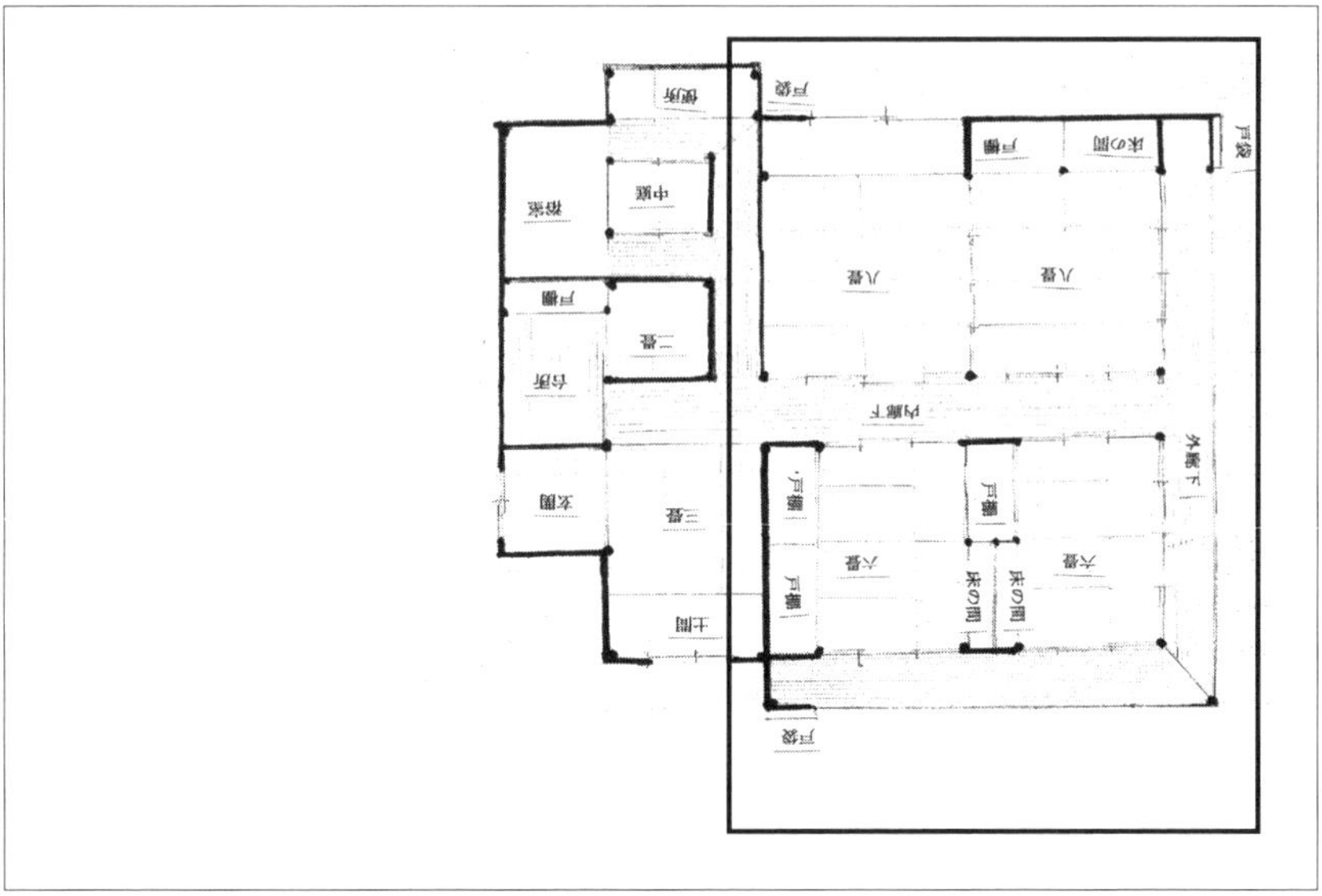

写真 31　武田栄太郎別荘平面図　□の部分は当時のまま現在も使用

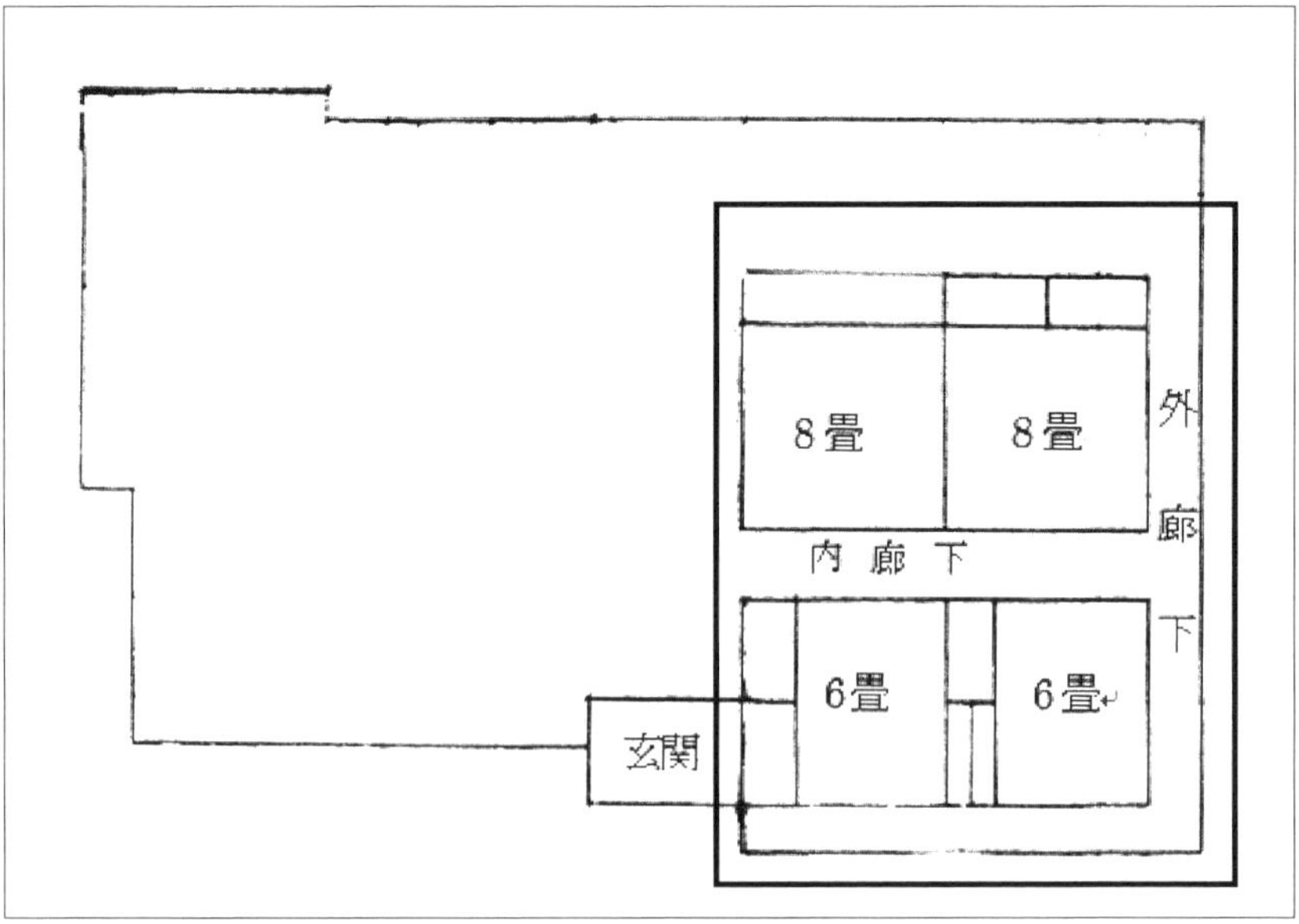

写真 32　浄土院本堂　□内はほぼ別荘当時のままである

31・32）。

なお、浄土院は公開していないので、見学はできない。

二二、安藤邸

前記日光社寺水道配水管略図には、徳川邸南東側（現在の日増院付近）に安藤邸と書かれている。

菅原前門主は、「安藤邸については記憶にない」とのことだった。使用期間が短かったのか？　詳細は不明である。

二三、朝陽館

別荘ではないが東照宮の貴賓館として、明治一九年旧大楽院の一部を移築し造られた。明治二四年栃木県内務部発行の「晃山実記」によると、「朝陽館　旧御殿地跡にあり建坪二二四坪客間二五席あり内二席は二階。明治一九年五月旧大楽院（東照宮別当）の構造材を移

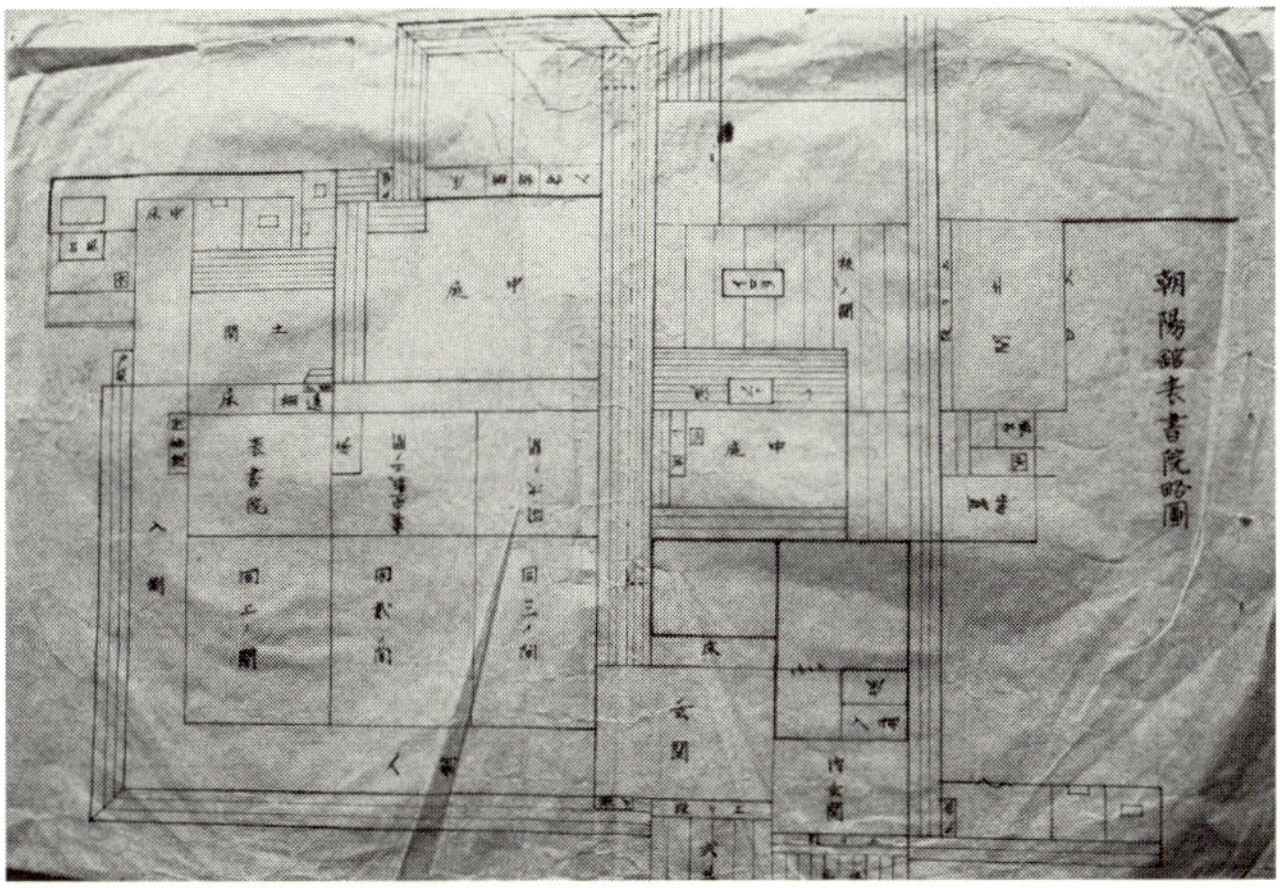

写真33　朝陽館表書院の平面図

し同年八月落成、皇族其他貴賓の宿泊に供せり」とある。写真33は朝陽館表書院の平面図（旧保晃会文書）。

明治二〇年六月には高野盛三郎（注22）の紹介により、英国人二名が朝陽館に宿泊している。高級旅館の少なかった当時、紹介者があれば宿泊させたのだろう。

明治二六年に朝陽館は宮内庁によりお買上になり、御用邸として使用された。常の宮・周の宮両殿下をはじめとした皇族方がご利用になった。また皇太子殿下（後の大正天皇）は、明治二九年七月二八日より二カ月御滞在された。前記「日光御用邸」との係わり参照。

二四、保晃会事務所

明治二七年四月二〇日、工費一二八一円六〇銭で日光町神山正平によって造られた。二階建て延べ一〇〇坪の建物である（写真5）。

一階には事務室・応接室・休憩室等が、二階には会議室が設けられた（写真34・35）。

大正五年保晃会は解散になったが建物は旧日光社寺共同事務所が使用した。この旧日光社寺共同事務所も大正一二年一二月には解散になり、同時に開設された日光社寺営林事務所が建物を使用した。その後使用せずに空家になっていた時期もあったが、昭和三八年七月、日光社寺営林事務所が使用を再開する。

昭和四一年頃から日光殿堂案内協同組合が建物の一階東側半分を使用する。昭和四八年五月七日、日光殿堂案内協同組合からの出火により建物は全焼した。現在でも門柱・塀・石蔵が当時の面影を残している（写真36）。

二五、この章の終わりに

明治時代、日光では政界・財界の大物が日光に土地を所有していた。三菱の岩崎弥太郎や政治家の松方正義らである。渋沢栄一は地上権を設定して土地を借りていた。他にも数多くの著名人が土地を所有していた。それらの土地の中には、記録が見つかっていないが別荘の建っていた所があったと思われる。今後も新たな記録を探してみたい。

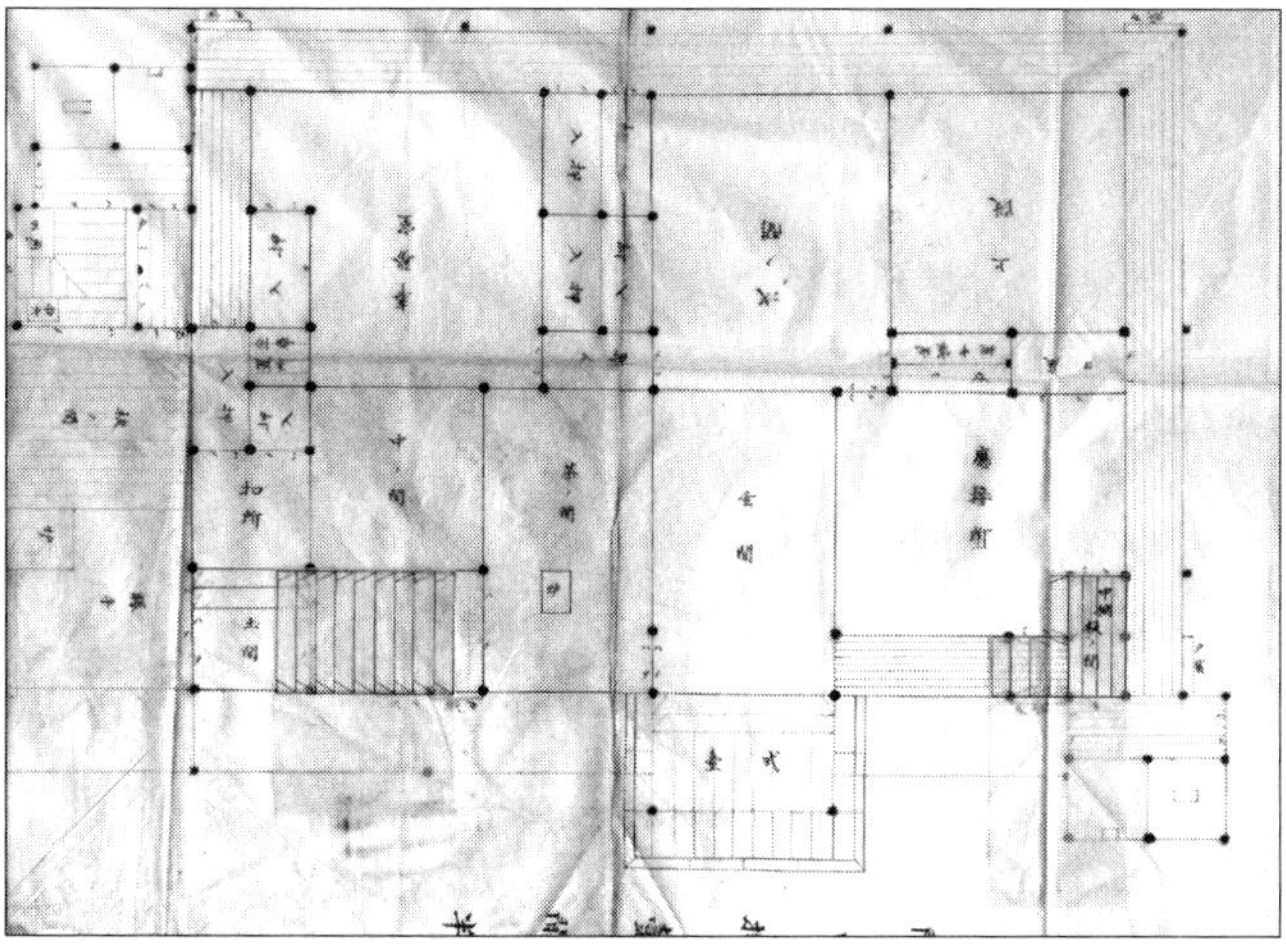

写真 34　保晃会事務所 1 階平面図

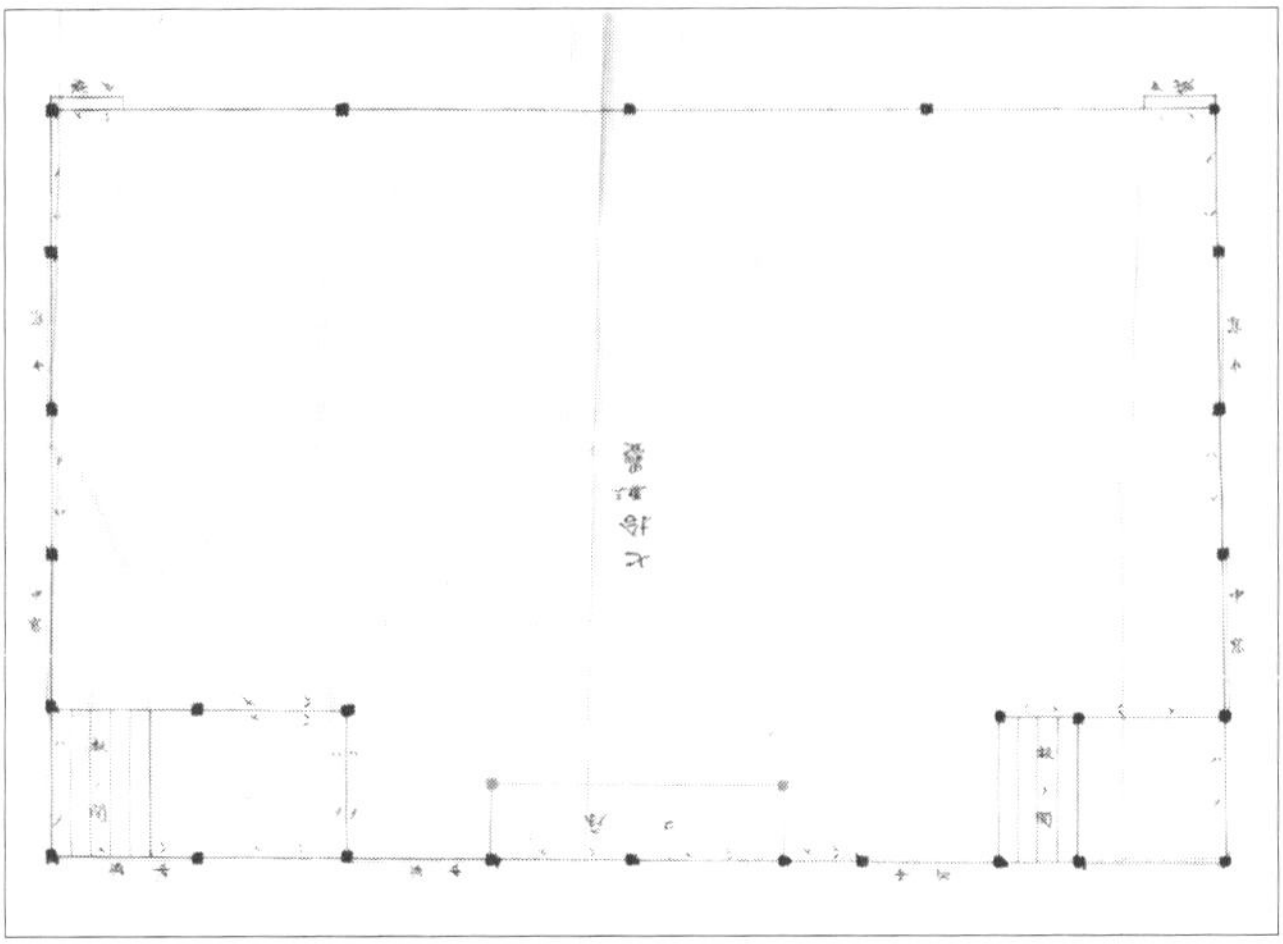

写真 35　保晃会事務所 2 階平面図（大広間）

写真 36　保晃会事務所のおもかげを残している塀

（注1）梨本宮守正王　明治七年三月九日生まれ。明治三三年結婚。昭和一八年伊勢神宮祭主。生涯現役軍人の元帥陸軍大将。昭和二六年一月一日没。西沢金山を訪れたのは明治三五年二八歳の時だった。

（注2）鍋島直大　肥前国佐賀藩第一一代最後の藩主。戊辰戦争で佐賀藩兵は、薩摩藩兵・長州藩兵らと各地を転戦し、日光（今市・藤原）でも戦っている。長女朗子は前田利嗣継室。

（注3）三条実美　天保八年二月七日生まれ。幕末・明治の公卿・政治家。明治二四年二月一八日没。

（注4）安生順四郎　嘉永元年九月三〇日生まれ。保晃会副会長で保晃会設立当初より参加した。県会議員。初～三代県会議長。明治一二年四月～一六年一一月までの四年余の在任中は全て議長職。明治一八年二月より明治二三年八月まで上都賀郡長。昭和三年五月一五日没。

（注5）梨本伊都子　鍋島侯爵の次女。明治一五年一月二日、ローマで生まれる。「イタリアの都の子」で伊都子と命名。明治三三年一一月、梨本宮と結婚し梨本宮伊都子となり、昭和二二年皇籍を離脱して梨本伊都子となる。昭和五一年八月一九日没。

（注6）日光市山内　照尊院前住職。大正一四年一〇月一〇日生まれ。平成三〇年二月一一日没。妙法院門跡は平成二九年九月に退任した。

（注7）文字が小さくて分からないが、右下の□内に保晃会・護光院・鍋島別邸・安養院・医王院・光樹院と書かれている。

（注8）本宮下とは字名で字本宮下二三八七番の登記簿には勝安芳の名前がある。

（注9）榎本武揚　天保七年八月二五日生まれ。明治元年幕府海軍副総裁。戊辰戦争では北海道函館の五稜郭で新政府軍と戦うが降伏。明治七年海軍中将兼駐露公使となり翌年樺太千島交換条約を締結する。海軍卿・

公使・閣僚などを歴任。明治四一年一〇月二六日没

（注10）前田利嗣　加賀前田家の嫡子として安政五年四月一九日生まれる。岩倉使節団の一員としてイギリスに留学。朗子夫人は鍋島直大の長女。明治三七年六月一四日没。

（注11）三宮義胤　天保一四年一二月二四日生まれ。戊辰戦争で各地に転戦。兵部省・外務省を経て明治一六年宮内省に転じ、明治二八年式部長、翌年男爵。明治三八年八月一四日没。

（注12）菅原栄光　大正一三年三月二九日生まれ。輪王寺第八四世門跡、前医王院住職。

（注13）安田善次郎　天保九年一〇月九日生まれ。安田銀行（現みずほフィナンシャルグループ）、損保会社（現損害保険ジャパン）、生保会社（現明治安田生命）設立。安田財閥の創設者。大正一〇年九月二八日没。

（注14）小林年保　嘉永元年一〇月、現在の日光市花石町に生まれる。徳川慶喜に従い静岡藩に出仕、兵庫・小倉・三河の各県に勤務。三菱を経て明治一二年、第三五国立銀行頭取。明治二八年五月一二日没。浄土院境内に顕彰碑がある。

（注15）東照宮日誌より。

（注16）当時は宮内省所管、大蔵省には昭和二三年七月、国有財産として引き継ぐ。

（注17）竹田宮恒久王　北白川宮能久親王の第一王子。明治三九年、明治天皇より竹田宮の称号を賜る。

（注18）高橋源三郎　万延元年下野国日光（現栃木県日光市）生まれ。明治二七年、三四歳のとき西沢金山に関わり以降西沢金山とともに歩んだ。昭和三年二月一六日没。養子の常次郎は後に日光町長を務めている。

（注19）麻生三郎　北白川宮家の家扶（家令を補佐した者）。

（注20）保晃会が建碑付属庭園（後の浩養園）を造成するに当たり輪王寺が東照宮・二荒山神社と共に保晃会に

寄付した土地。

（注21）アーネストサトウ　イギリス人の外交官。一八四三年（天保一四年）ロンドンで生まれる。一八六二年（文久二年）九月、一九歳で横浜の土を踏んだ。

（注22）高野盛三郎　高野家は日光市下鉢石町の旧家で代々輪王寺宮に仕えてきた。盛三郎も輪王寺最後の宮家による門跡に仕えた。門跡が戊辰戦争後に僧籍を離れて北白川家を設立してからも引きつづき仕えた。北白川能久親王が日清戦争後に近衛師団長として台湾で反乱軍鎮圧の指揮にあたった際にも親王に同行している。大正五年一月没　享年七〇歳。

参考文献

「西沢金山大観」横尾城東　（大正五二月）
「勝海舟」松浦玲　筑摩書房（二〇一〇年二月一〇日）
「勝海舟全集㉑別巻②」勝部真長・松本三之介・大口勇次郎編　頸草書房（一九七三年八月）
「梨本宮伊都子妃の日記」小田部雄次　小学館（一九九一年一一月一日）
「三代の天皇と私」梨本伊都子　講談社（昭和五〇年一一月三日）
「明治二八年一二月発行の日光山内全図」
「日光大観」吾妻健三郎　東陽堂（大正元年九月三日）
「安田善次郎伝」矢野文雄　合名会社安田保善社（大正一四年七月二八日）
「日光市史」（昭和五四年一二月二〇日）

「日光史」星野理一郎　日光史特別頒布会（昭和五二年一月二〇日再販）
「駐日イギリス公使アーネストサトウとその家族」千代田区教育委員会・区立四番町歴史民俗資料
（平成一一年一〇月）
「図説アーネストサトウ」横浜開港資料館編　有隣堂（平成一三年一二月一三日）
「聖地日光へ」飯野達央　随想舎（二〇一六年一一月一日）
「日光山輪王寺史」日光山輪王寺門跡教化部（昭和四一年一一月一日）
「観光地日光その整備充実の歴史」手嶋潤一　随想舎（二〇一六年四月二一日）
「栃木県の近代化遺産」栃木県教育委員会事務局文化財課（平成一五年三月）
「足尾町野路又にロマンを求めて」大吉利一郎（平成二五年七月一〇日）
「晃山実記 全」栃木県編纂　下野新聞旭香社（明治二四年七月三一日）
「旧保晃会文書」

第三章　日光橋と神橋および朝日橋

一、この章のはじめに

明治中期の頃、神橋の下流すぐそばに橋が二本架かっていた。一般の人々や牛馬が使用した仮橋と、足尾銅山の馬車鉄道の専用橋である。

朱塗の神橋、白木の仮橋、そして青く塗られた馬車鉄道専用橋の朝日橋の三つの橋が並んで架かっていた（写真1・2）。このことは橋の少ない当時としては、日光の名所だったのかも知れない。

明治三五年九月二八日に日光・足尾地方を直撃した足尾台風により、この三本の橋はすべて流された（写真3）。

その後、神橋は今日見られるように復元され、仮橋はそれまでの木橋から鉄骨造りに架け替えられ（写真4）、名前も日光橋と変わった。しかし、馬車鉄道

写真１　日光山両社新圖（部分）明治 33 年 4 月　市村伊三郎発行

写真２　手前より朝日橋、仮橋、神橋　写真提供猪瀬満枝氏

写真３　流失した神橋附近

の専用橋は再建されず、馬車鉄道は日光橋の上を走った。この三つの橋と日光橋について、調査の結果を述べる。

二、神　橋

言い伝えによると、天平神護二年（七六六年）、勝道上人が日光に来て大谷川の袂で川を渡れずに困っていたところを、深沙大王が現れて助けてくれた云々、により橋が架けられた。伝説はいずれにせよ記録によると室町時代には神橋はできていて、橋脚のない橋梁形式であった。

近世に入って日光に東照宮が造営されると、これに伴い神橋も改修された。寛永一二年（一六三五年）からの東照宮の大造り替え工事の際（注1）、神橋も改修が行われ、従来の神橋とは形を変えて現在の神橋の形、すなわち

写真４　日光橋の上の馬（牛）車鉄道用レール　日光図書館蔵絵葉書より

橋台近くに鳥居型の橋脚を備えた形式に変更された。また、この際造られた仮橋は工事後も撤去されず、修繕や掛替はあったものの明治三五年まで使用された（次の仮橋参照）。

なお、それまでの橋脚のない橋梁形式の神橋は、この時に造られた仮橋の形式と言われている。江戸時代には幕府の直轄で修理が行われ、記録にあるだけでも一四度に及んでいる。

明治になってからは一四年に修理が行われている。明治三五年九月二八日の足尾台風により、神橋は橋台部分・橋脚を含め全てを流失した。

保晃会神橋架設委員会の報告書によると同年一一月三日に二荒山神社・東照宮・輪王寺・保晃会の協議により、神橋の再建が決められた。工事に先立ち資材の手配が行われた。乳ノ木用材（橋桁材）は県内はもとより茨城県真壁郡まで探した。「華表建」用石材（写真５・注２）は大谷川沿岸や稲荷川源流などでこれを発見し、明治

神橋　Shinkyō or Sacred Bridge

写真５　華表建

写真６　鑄工太田吾郎平の銘　資料提供　日光二荒山神社

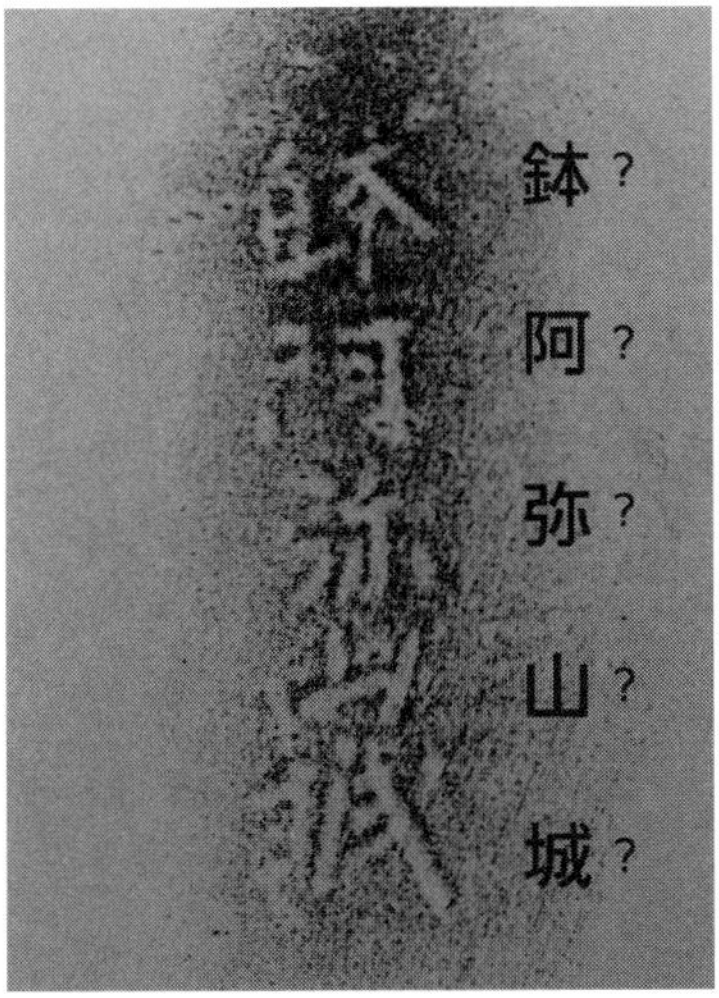

写真７　寛永年間の銘？
資料提供　日光二荒山神社

三七年一月より翌年七月にかけて購入した。

橋台工事が明治三七年七月～同年一二月まで、橋脚工事が明治三八年九月一五日に竣工、木工は同年二月より一〇月二三日まで、漆工は明治三八年一二月に着工し翌年一一月二六日完成、擬宝珠および装飾金具は明治三八年一一月より翌年一一月二九日に完成した。この時作られた擬宝珠は神橋の欄干にある一〇本の柱のうちの九本である。「日光神橋擬寶珠明治三十八年十一月鋳造下野国鹿沼町鑄工太田五郎平」の銘がある（写真６）。残りの一本は寛永年間と思われる銘（写真７）があり、台風でも流されなかった。その他の工事も明治四〇年四月二八日には終わった。明治四〇年八月六日に開橋の式が開かれている。

神橋の再建の費用は、

金参万七千九百五拾壱圓七拾五銭八厘

工費総額内訳

金四千百五拾壱圓五拾壱銭五厘　二荒山神社負担額
金四千百五拾壱圓五拾壱銭五厘　東照宮負担額
金四千百五拾壱圓五拾壱銭五厘　輪王寺負担額
金弐万四千九百九圓九銭参厘　保晃会負担額
金四百五圓壱銭八厘　不用品払下げ代金
金百八拾三圓拾銭二厘　当座預金利子

と記録にある。

当時は台風の被害による復旧にたいする国庫補助がなかったようである。忘れられている保晃会の事業のひとつである。

神橋の修理は大正七年に部分的に漆の塗り替えが行われた。昭和二五年より開始された昭和の大修理は、乳の木（橋桁）二本は再利用したが、他の木材部分は全部取り換える工事で昭和三一年に完成した。その後も木部の部分的な漆の塗り直しなどの修理は行われている。平成九年四月より平成の修理が始まり、半解体工事が行われ平成一三年三月まで実施された。

三、仮　橋

日光での仮橋とは固有名詞で、現在の日光橋の位置に架けられていた橋である。江戸時代

（寛永年間）、当時の山菅橋を全面的に架け替え、今日の神橋となった。架け替えの際には本来の意味での仮橋が架設されて通行していたが、工事完成後の神橋は将軍や例幣使など特別な人しか渡ることを許されず、仮橋はそのまま残され一般通行人に利用された（写真8）。

つまり、仮橋は工事のための仮の橋ではなくて、永年にわたって一般に使用される橋となった。しかし、「仮橋」の名前は明治三五年に台風で流失するまで使用された。なおこの仮橋は寛永年間に架け替えられた以前の神橋の形式であった。この橋には橋脚がなく両岸より支材を突出し橋桁を支える特異な架橋方法である（写真9・10、注3）。

写真８　神橋と仮橋を示す古図（1843 年作成）
重要文化財二荒山神社神橋　日光二荒山神社発行　より転載

四、日光橋

明治三五年の足尾台風により流失した仮橋は、名前を日光橋と改め、明治三七年四月、復旧

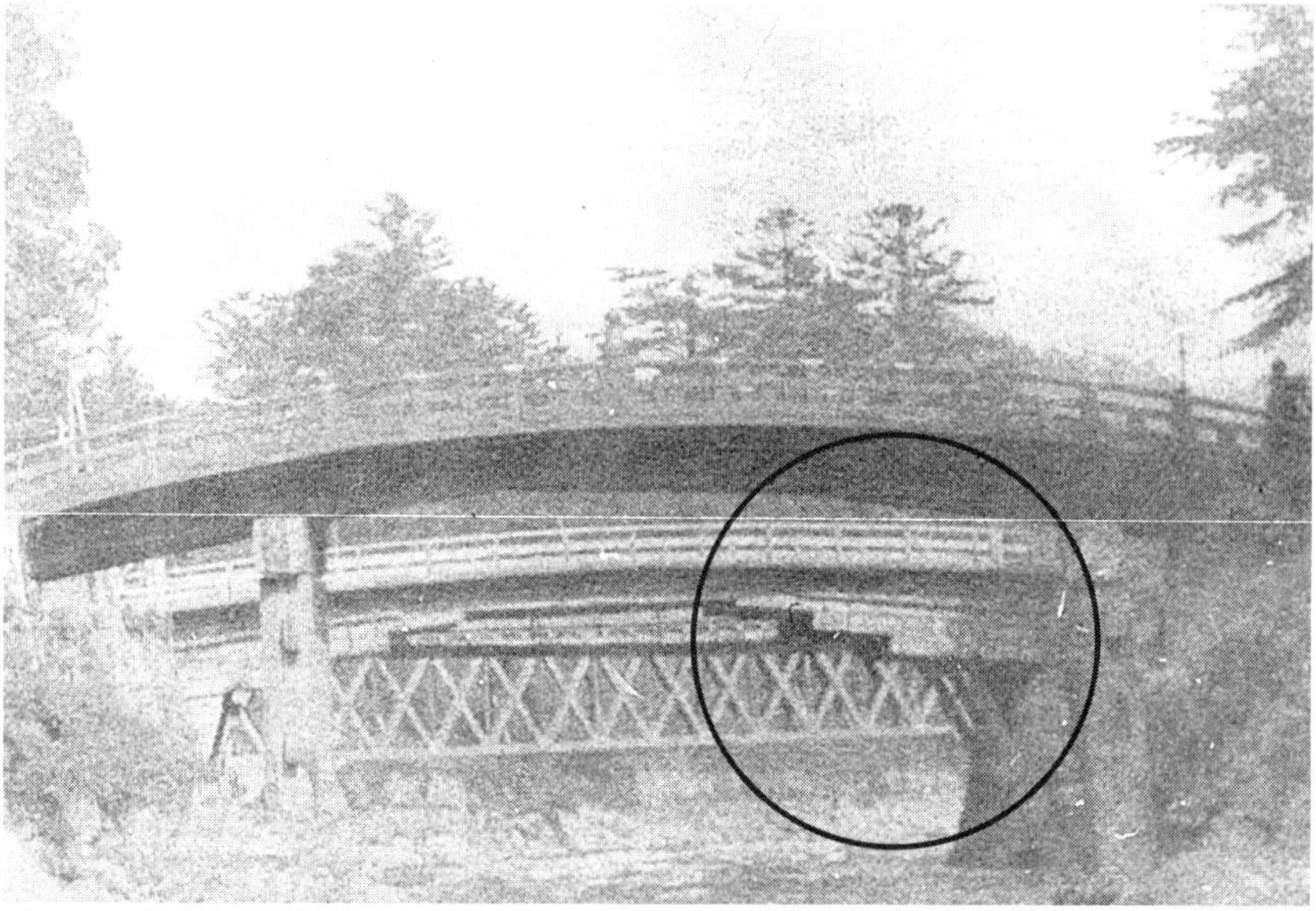

写真９　仮橋の橋脚附近の構造
重要文化財二荒山神社神橋　日光二荒山神社発行　より転載

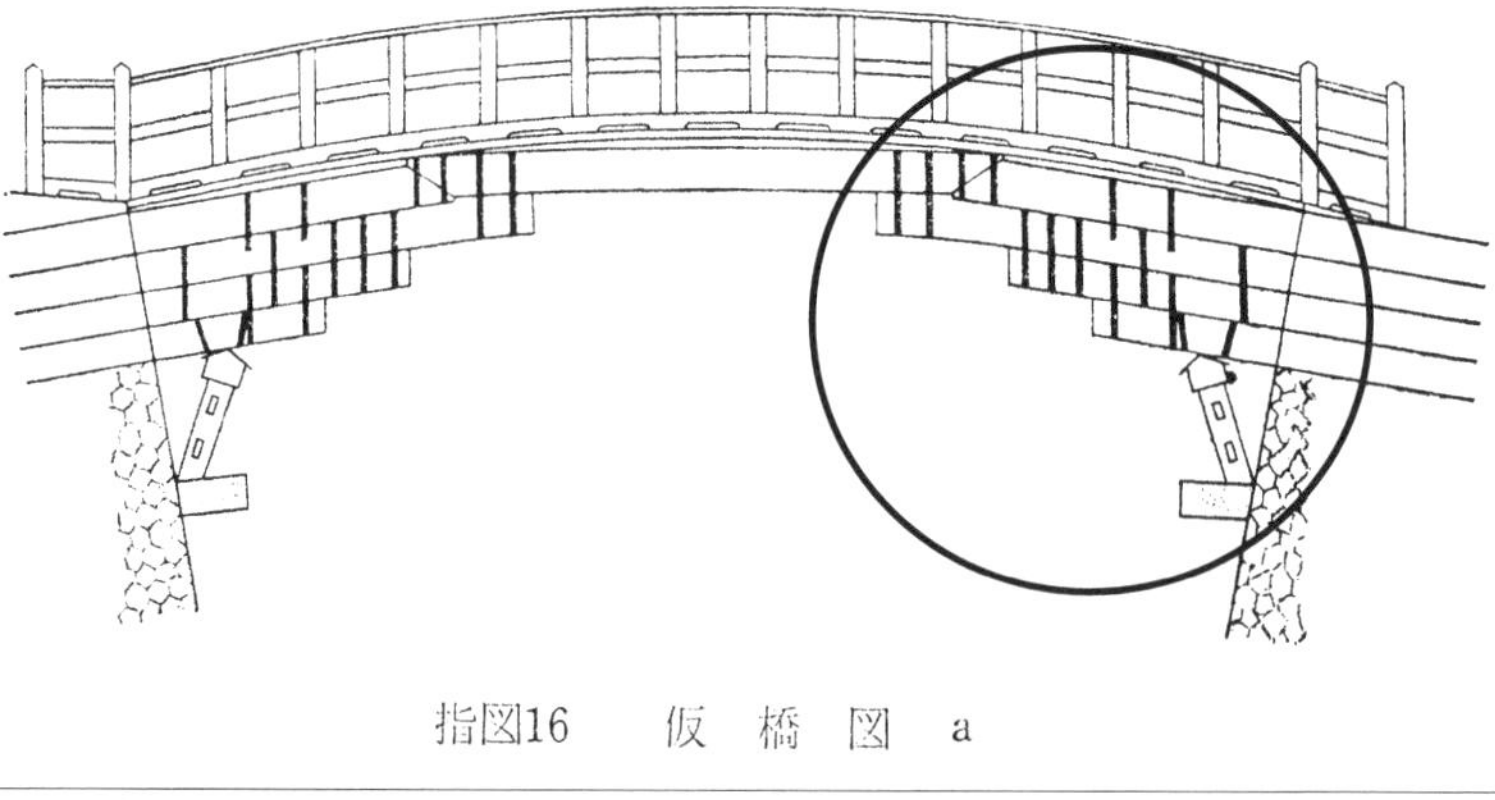

指図16　　仮　橋　図　a

写真 10　仮橋　重要文化財二荒山神社神橋　日光二荒山神社発行　より転載

写真 11　電車のレールに替わった日光橋　日光市立日光図書館蔵　絵葉書より

写真 12　神橋と日光橋の間の電車専用橋　写真提供渡辺裕一氏

工事が始まった。この橋は幅二四尺のうち七尺は足尾銅山で使用し、銅山より運ばれた粗銅を運ぶための牛車鉄道のレールが引かれていた。写真4に写っているレールは牛車鉄道（注4）のレールである。

日光橋の総工費は不明であるが、足尾銅山では八七〇〇円の寄付をしている。またその後の補修についても工事費の二四分の七の負担を約束している。

明治四三年七月、日光駅～岩鼻の間に日光電気軌道株式会社の路面電車が開通した。路線も日光駅付近より大通りに出て日光橋に向かっている。従来の牛車鉄道が走っていた稲荷川沿いの線路道は使われなくなった。

日光橋の上の牛車鉄道のレールは、電車用のレールに替えられるのに伴い場所が中央寄りになり、レールの間隔は六〇〇ミリから一〇六七ミリと当時の（現在でも）日本鉄道の規格と同じになった。（写真11）このレールも昭和一九年神橋と日光橋の間に電車専用の橋（写真12）が架橋されたので撤去された。

なお、現在の日光橋は二代目で、昭和三七年一二月、新しい橋に架け替えられた。

五、朝日橋

足尾銅山で生産された粗銅（注5）を東京に運ぶために、明治二六年九月一日、細尾～日光停車場間の馬車鉄道が開業した。この馬車鉄道のために専用の橋が仮橋の下流に架けられた（写真1・2)。

橋の名前は正確には分からない。青く塗られていたので青橋、足尾銅山の専用橋なので銅山橋、資料によっては朝日橋と書かれている。保晃会の明治三五年九月二八日の足尾台風襲来の日誌には「朝日橋」とあり、輪王寺日誌には「古河銅山橋」とある。正確な橋の名前は分からないが本書では保晃会日誌の朝日橋を用いている。

橋の長さ・幅等の要件に関する記録は見つかっていない。しかし、馬(牛)車鉄道の規格によると「橋梁幅員は三・〇五メートル(略)橋梁は木製でハウ式の組橋」とあるので、この橋の幅員も三・〇五メートルと思われる。明治二六年に完成した朝日橋は足尾台風により流失して再建されることはなかった。

写真2は当時足尾銅山運輸課長、土木課長などを務めていて同橋の建設に携わったと思われる守田兵蔵関係資料の一枚である。(第四章足尾銅山細尾鉄索参照)

(注1)日光東照宮は元和三年(一六一六年)四月、二代将軍徳川秀忠により造られたが寛永一三年(一六三六年)、三代将軍徳川家光により全面的に造り替えられた。
(注2)「華表建」石材　神橋を架橋するに必要な鳥居型の橋脚用石材。
(注3)この橋と同じ形式の橋には山梨県大月市の猿橋がある。
(注4)明治二六年に造られた軽便軌道は馬に引かれる馬車鉄道であったが、明治三一年六月に牛で引かれるよう

になった。

（注５）粗銅　銅鉱石を溶かして鋳型に流し込んだ物。金・銀などの金属が含まれている。

参考文献

「日光開山勝道上人」星野理一郎（昭和二九年一二月一〇日）
「日光の故実と伝説」星野理一郎　栃木県連合教育界（昭和三五年九月一日）
「重要文化財二荒山神社神橋」日光二社一寺文化財保存委員会編纂　日光二荒山神社発行（昭和四二年三月）
「日光東照宮の成立」山沢学　思文閣（平成二一年二月二〇日発行）
「旧保晃会文書」
「文化財保存会文書」

第四章　足尾銅山細尾鉄索（第一・第二鉄索）と馬（牛）車鉄道

一、この章の初めに

平成一八年三月の市町村合併により、足尾町は日光市の一部となった。明治二〇年代、その足尾町と日光町の間に貨物運搬用の鉄索が架設された。当時、すでに日光は東京と結ばれていた。日光を経由する足尾銅山と東京を結ぶ物資輸送の大動脈が整備されていたのである。道路など輸送機関が発達した足尾銅山が閉山になって久しい現在このことは忘れられている。

足尾銅山を世界遺産に登録する運動もあるなど足尾は注目されている。この機に今まで調べたことを纏めて今後の参考に供したい。

なお、鉄索は日光～足尾間の輸送路の内で一番峻険な場所である日光町細尾と足尾町の地蔵坂（および日光町細尾と足尾町の栃木平）間に架設された。それに接続する日光駅と細尾鉄索停留所間の馬（後に牛）車鉄道および足尾町地蔵坂の鉄索停留所と足尾銅山間の馬車鉄道も併せ、日光～足尾間の一本の輸送路として紹介する。

なお、第一鉄索は架設数年後に守田兵蔵（注1）により大改修を行っている。本書では改修後を中心に説明している。

二、明治二〇年頃の足尾銅山の状況

足尾銅山の年間産銅量は明治一〇年が五六・一トン、明治一三年が九一・七トン、明治一八年が四一三一・四トンと飛躍的に生産が増えてきた（注2）。これに伴い銅鉱石を製錬するための木炭・薪の需要も増加し（注3）明治一三年の木炭二五五トン、薪二〇〇〇棚（注4）から、明治一八年の木炭一万一八七二・五トン、薪二万二〇〇〇棚と薪と炭の消費も増大していった。

一方、足尾までの物資の運搬について細尾峠を越えて日光に至る日光路、大名峠を越えて大間々町に至る上州路、粕尾峠を経て鹿沼に至るルート、古峯ヶ原を経て鹿沼に至るルートが使用されてきたが、いずれも道幅は狭く人または馬の背による運搬であった。

足尾銅山の鉱長木村長兵衛（注5）は、日光路・上州路の両道を馬車が通れるように拡張することや、鉄索による物資の運搬、細尾〜足尾間の細尾峠に隧道を掘削して鉄道を開設することなどを計画した。明治二一年七月、日光路は二間道幅の馬車道になったが上州路は完成が遅れた。細尾峠の隧道を掘削し鉄道を敷設する計画は、木村長兵衛の死もあり実現されなかった。

関連する話①

細尾峠に隧道を掘削して道を敷設する計画は幻に終わったが、昭和一八〜一九年の頃、第二次世界大戦遂行の軍需物資である銅を足尾から直接日光に運ぶために、細尾峠にトンネルを掘り列車を通す計画が立てられ、測量が行われた。しかし工事の着工には至らずに終戦となり、計画そのものも立ち消えになってしまった（注6）。

三、鉄索の架設

第一鉄索は明治二三年一〇月に架設された。銅の製錬用の木炭・薪の不足を補うための骸炭（コークス）の輸送が最大の目的であった。コークス輸送に重点が置かれていたので、他の物資の輸送まで手が回らなかった。このため米・味噌などの生活物資の足尾への運搬や、足尾で生産された粗銅を東京へ運搬するための新たな鉄索の架設が計画された。

明治二五年一〇月には、第一鉄索と並行した延長四五三〇メートル（第一鉄索より八〇〇メートル長い）の第二鉄索が完成した（後記第一・第二鉄索の概要参照）。

四、鉄索の概要

鉄索は、索道・架空索道ともいい、勾配の強い斜面の山麓と山頂の間（山麓～山頂～別の山麓の間）にワイヤーロープを張り渡し、このロープに運搬器を固定して吊り下げ貨物を運搬するもので（写真1）、循環式・つるべ式などがある。

この細尾鉄索（第一・第二鉄索）は、ハリジー式「単線固定循環式索道」（注7）鉄索としては明治二〇年代当時アメリカで二〇年の実績があり、足尾で使用された頃はほぼ完成されていた。平成二二年八月三一日で廃止になった日光市霧降高原の観光用リフト（写真2）と同じ構造である。

百数十年前とでは、支柱の材質、滑車（車輪）の状態、動力などは現在とは異なるが、基本的には大きな違いはない（写真3～4）。

両者の性能を表にしてみると次のようになる（表1）。

写真１　足尾銅山第２鉄索
足尾銅山圖會より転載　部分

写真２　元日光霧降高原のリフト

写真３　元日光霧降高原のリフトの支柱・滑車の部分　人物は孫の安生友香

名称	霧降第3リフト2号	第一鉄索	第二鉄索	備考
設置場所	日光霧降高原	足尾（地蔵坂）～日光（細尾）	足尾（栃木平）～日光（細尾）	
構造	単線固定循環式	単線固定循環式（ハリジー式）	単線固定循環式（ハリジー式）	
設置年月日	昭和五七年頃	明治二三年一〇月	明治二五年	
廃止年月日	平二二年八月三一日			
延長	四六九m（斜距離）	三七九〇m（斜長三八九二m）	四五三〇m（斜長四六六六m）	
最高地点標高		一二六三m	一三一四m	
両側の標高差	九四・五m			
運転速度	毎秒一・三m（夏用）	毎秒〇・九m	毎秒〇・九m	
動力	モーター	ペルトン水車	ペルトン水車	
出力	四〇馬力	一五馬力	一七馬力	
主な運搬物	観光客	骸炭（コークス）	製銅・雑貨類	
支柱数	一三基	三〇基	三六基	
搬機の間隔	一〇・四m（冬期一〇・八m）	六三m	六一m	
搬器数	九二（冬期八八）			
積載量	六〇kg（貨物の時）	一五貫（五六・二五kg）	二五貫（九三・七五kg）	搬器一個の積載量

表1　日本近代の架空索道・架空索道運搬法・日光市資料より作成

関連する話②

第一鉄索で使用した四分の三吋のワイヤーロープは工場で三〇〇〇尺程度の長さに造られて（注8）、足尾町地蔵坂または日光町細尾の鉄索停留所に運ばれた。停留所からは人夫（作業員）数十人により現地に運ばれている（写真5・6）。第一鉄索では往復七五八〇メートルに傾斜による増加やロープの弛みによる増加を加えれば七九〇〇メートル近くになる。すべてが人夫により現地に運ばれ繋ぎ合わされた（注9）。

五、第一・第二鉄索の概要

第一鉄索は国内初の本格的な索道であった。銅

写真4　足尾銅山第2鉄索の支柱・滑車の部分　古河足尾銅山写真帳より転載
日向野憲氏蔵

写真５　ワイヤーロープの運搬、撮影場所不明　架空索道より転載

写真６　ワイヤーロープの運搬、足尾銅山根利索道のもの
〈小野崎一徳写真帳〉足尾銅山より転載

の製錬に使用する骸炭（コークス）を足尾に運搬することを主目的に、細尾貯炭庫（日光市細尾、海抜七六八メートル）から細尾峠（海抜一二五九メートル）と地蔵坂貯炭所を経由して地蔵坂運転所（足尾町字神子内、海抜九一二メートル）を結ぶ、水平距離三七九〇メートルの索道である。動力には地蔵坂運転所にある落差一八・三メートル、一五馬力のペルトン水車（写真7）を使用し、明治二三年一〇月に完成し一一月より輸送が始まった。

しかし第一鉄索は調子が悪かったのか、明治二五年に守田兵蔵により大改修を実施している。大改修の内容はよく分からないが、明治二五年五月に編纂された米国バンコク博覧会出品解説書（注10）によれば、第一鉄索について「一七個の支柱と八七個の運搬器を鈎釣し」と書かれている。明治四一年に発行された「架空索道運搬法」には、第一鉄索について支柱数三〇基とあり、大改修がうかがわれる。

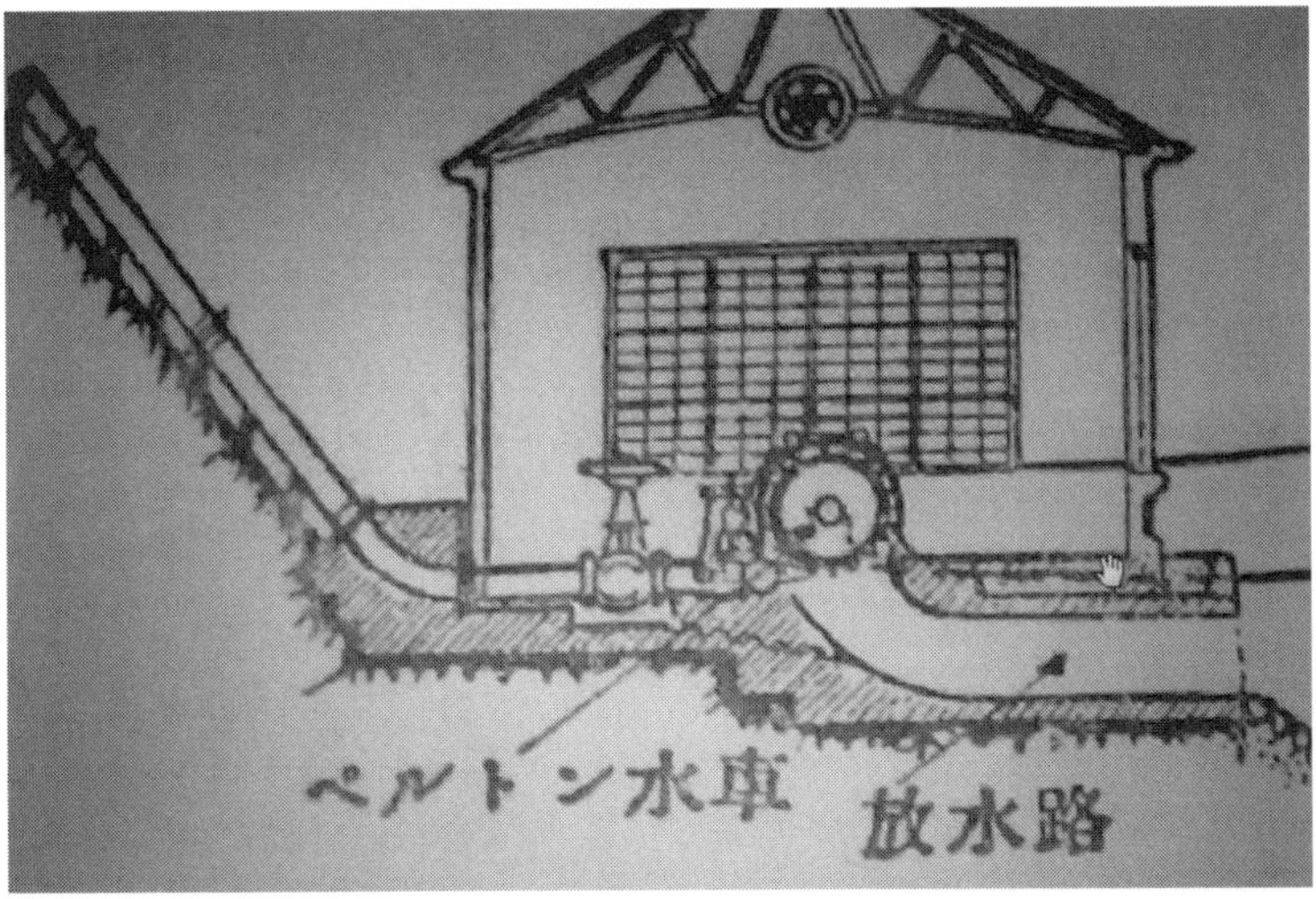

写真７　ペルトン水車の状態　架空索道より転載　部分

第二鉄索は第一鉄索とほぼ並行に足尾町字神子内栃木平（海抜八六〇メートル）～細尾峠（海

写真８　第２鉄索で使用した蒸気機関　古河足尾銅山写真帳より転載　日向野憲氏蔵

写真９　搬器に荷物を載せている　足尾銅山圖會より転載　部分

抜一三〇七メートル）～日光町細尾（海抜七六八メートル）の間に水平距離四五三〇メートルで架設された鉄索で、明治二五年一〇月に竣工した。動力は第一鉄索と同じ一五馬力のペルトン水車であった（落差四二・七メートル）。ただし冬季の渇水に備えて、三〇馬力の蒸気機関を備えていた（写真8）。

運搬されたのは米・味噌・雑貨・銅塊・木材などである。搬器と搬器の間隔は六一メートルで、止まることなく毎分五四メートルで動いているので、大きな荷物など搬器に乗せにくい荷物は運搬できなかった（写真9）。

六、第一・第二鉄索の記録

第一鉄索は足尾で最初（日本でも一～二番目）、第二鉄索は三番目（注11）に完成したこともあり、他の鉄索と比べて多くの写真や資料（注12）が残されている。

写真10は細尾停車場で馬車鉄道が写っている。写真11は第一鉄索の足尾側、写真12は第二鉄索栃木平出張所の内部で、米俵と銅のインゴットが写っている。写真13は同じく栃木平停車場の写真で、馬車鉄道のレールが写っている。いずれも足尾銅山御用写真師、小野崎一徳が撮影したもので、明治二八年七月に発売された「古河足尾銅山寫眞帖」に紹介されている。同氏は明治三二年二月にも同じような寫眞帖を出版している。

明治四一年七月に発行された中村元工学博士の索道に関する専門書「架空索道運搬法」には、

写真 10　細尾停車場　足尾銅山写真帳より転載　日向野憲氏蔵

写真 11　第 1 鉄索の足尾側　資料提供　日向野憲氏

写真 12　第 2 鉄索栃木平出張所の内部　足尾銅山写真帳より転載　日向野憲氏蔵

写真 13　第 2 鉄索栃木平停車場　　足尾銅山写真帳より転載　日向野憲氏蔵

足尾銅山の鉄索が紹介されている。

栃木史心会会報「栃木史心第七号」には、細尾鉄索工事に従事した足尾銅山土木課工場長守田兵蔵に関する記述が書かれている。栃木県立文書館蔵「横尾健一家寄贈文書」に「軽便馬車鉄道布設線路圖」（写真14）がある。原図は二万分の一の図面で、日光駅より足尾町を経て群馬県境まで、途中足尾町掛水より分岐して本山まで書かれている。第一鉄索・地蔵坂～本山間の馬車鉄道は書いてあるが、第二鉄索と細尾～日光駅間の馬（牛）車鉄道は書かれていないので、この図面は明治二五年一〇月より明治二六年九月の間に作られたことになる。この図面は地蔵坂～本山間の馬車鉄道建設当時の貴重な資料である（後記馬車鐵道のルート参照）。

七、第一・第二鉄索跡の現況

第一鉄索・第二鉄索起点の細尾の停車場のあった場所は現在造林地になっている。かつての姿を今に伝える痕跡は何もない（写真15・16）。

足尾町神子内地蔵坂の第一鉄柵の終点付近には、レンガを多数固めた工作物の跡と思われる場所があり、付近にはレンガが見られる（写

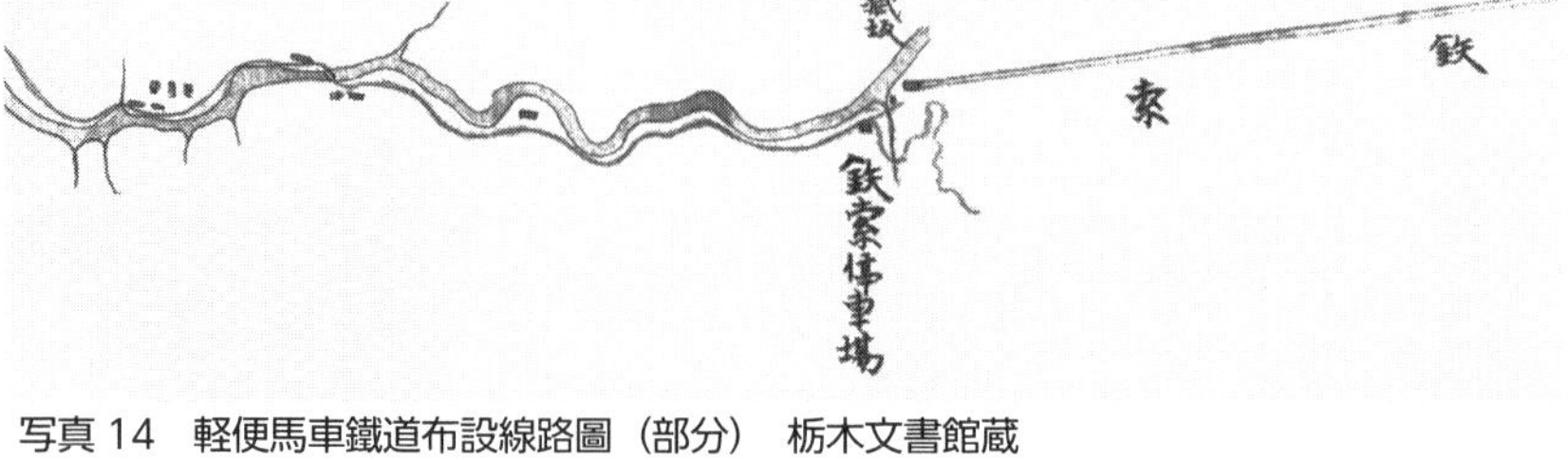

写真14　軽便馬車鐵道布設線路圖（部分）　栃木文書館蔵

真17）。これらのレンガは停車場・貯炭場・水車等の動力所のいずれかの跡と思われる。栃木平の第二鉄索の終点付近は、現在建物や駐車場になっており（写真18）当時の面影（前出写真13）は何も見当たない。

第一・二鉄索合わせて六六基あった鉄索の支柱は、日向野憲氏（日光市足尾町松原在住、昭和一七年生まれ）の調査によれば、三六基の跡が確認されている。そのうち二基は石積が残っている（写真19）。

これらの支柱跡の一部には石炭・骸炭が現在でも落ちている。これらは石炭などを乗せた搬器が支柱に固定された滑車を通過する時に、搬器よりこぼれ落ちたものと思われる（写真20・21）。他にも山や岩を削った切通（写真22・23）や支柱の根元の部分（写真24・25）が見られる。

写真15　停留所跡地　資料提供　日向野憲氏

写真 16　細尾の停留所跡地　資料提供　日向野憲氏

写真 17　工作物の跡と思われるレンガ

写真 18　栃木平の第２鉄索停留所跡

写真 19　支柱の基礎部分の石積み　写真提供　日向野憲氏

八、馬（牛）車鉄道建設の経緯（日光町）

明治二三年八月に日本鉄道株式会社日光駅（現在のJR日光駅）が完成し、日光と東京が一本のレールで結ばれ一一月には貨物の取扱いが開始された。

これより前の明治二一年には日光より足尾まで馬車が通れるように細尾道が整備され、小荷駄による輸送より馬車による輸送に変わっていたが、輸送力不足の解決には程遠く特に鉄道輸送が始まってからは日光駅に荷物が滞るようになった。

明治二四年四月、足尾銅山では日光線の鉄道開通を機に物資運搬を抜本的に増強するために、日光足尾間の馬車鉄道を計画した（日光細尾～足尾地蔵坂間は鉄索を使用）。しかし日光町には観光客が増えてきており、観光客を相手とする人力車夫や日光町民より反対の声が上がった。

明治二五年三月二六日付で、日光町町会議員六

写真 20　搬器よりこぼれ落ちた骸炭　写真提供　日向野憲氏

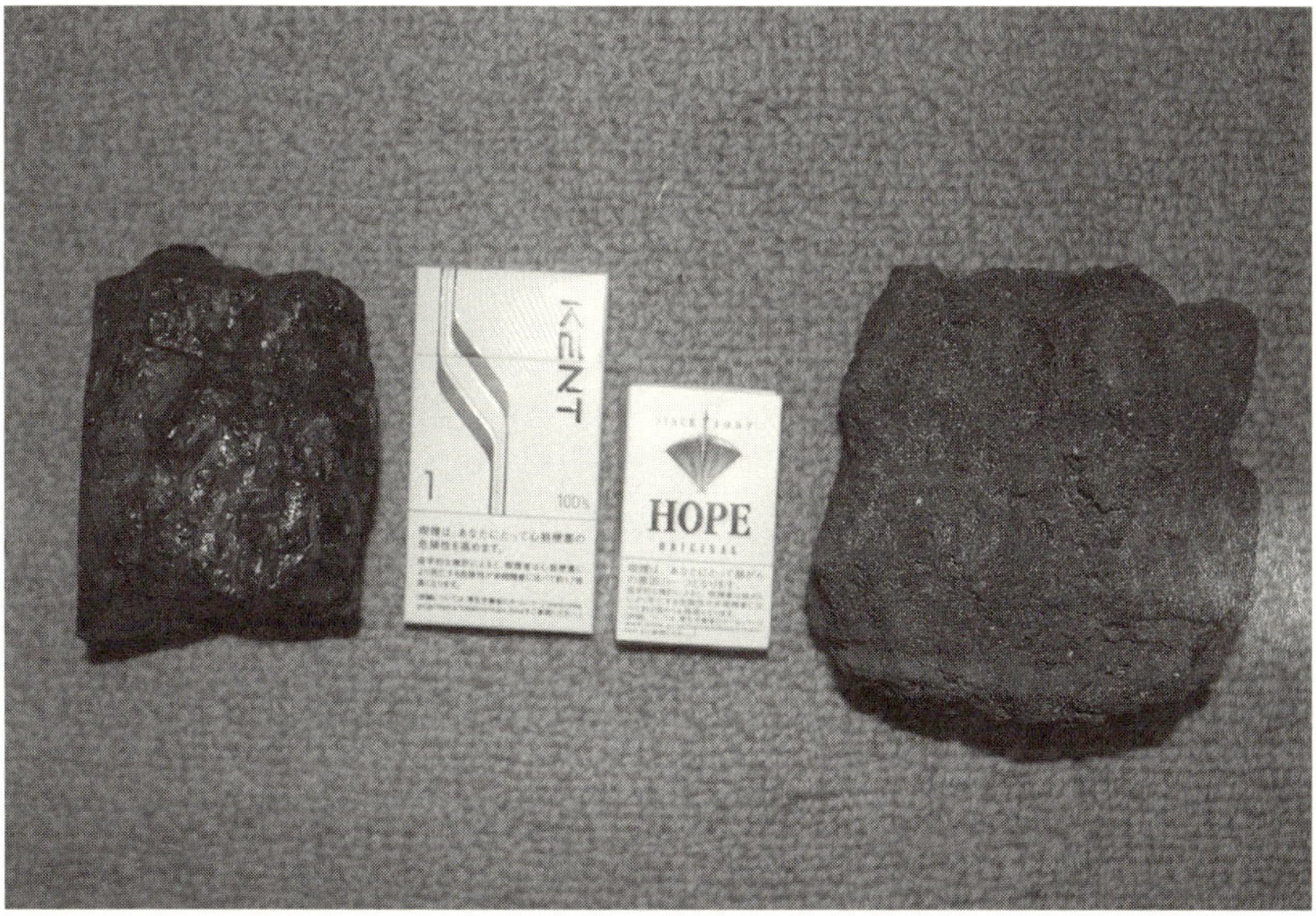

写真 21　右：骸炭・左：石炭　資料提供　日向野憲氏

写真 22　山を削った切通　写真提供　日向野憲氏

写真 23　岩を削った切通　写真提供　日向憲氏

写真 24　支柱の根元　資料提供　日向野憲氏

名は日光町町議会議長入江喜平に「古河私設鉄道布設之義ニ付建議」を提出し、馬車鉄道の開設に反対している。

古河私設鐵道布設之義ニ付建議

今般足尾銅山古河市兵衛氏本町大字日光ヨリ大字細尾ニ達スル私設鐵道布設之義憂慮ニ堪エザルモノアリ其要領ノ一二ヲ左ニ

第一日光山ハ美観ノ神社堂宇ノタメ或ハ避暑有名ノ地タルヲ以テ各國貴顯紳士ノ来遊及他方旅客ノ参詣人ノ無数ナルヲ以テ山菅神社ト神橋前道巾ノ如キハ纔カ貳間半ノ處ニ假令弐尺ナリ三尺ナリ（レール）ヲ布設シ及ヒ仮橋前ヲ切断セラル、トキハ旅客ノ通行或ハ風致ヲモ害スルハ實ニ将来是レ憂慮スヘキ事

第二本町字鉢石裏里道幅九尺ノ道ニ

写真 25　支柱の根元　資料提供　日向野憲氏

又（レール）ヲ布設スレハ一方ハ大谷川一方ハ巌石ニシテ他ニ廻道モ無之処テハ非常際或ハ常に老人・子児ノ通行スルニ甚ダ危険ノ事

第三神橋ヨリ大字細尾マテ仮定県道ナルモ道中ニ（レール）ヲ布設シテ鐵道馬車ナリ電気鐵道ナリ運転スルトキハ従来ヨリ大字清滝大字細尾ヨリ日光町へハ日々薪炭ノ運搬ハ婦人子児ノミ馬率キ運搬シ来リ候処是等モ尤モ危険馬ノ通行モ困難ナル□壮年ノ男子是レカ為メ馬率キ運搬ニ従事スルトキハ各々家計ニ困難差支ヲ来ス事

第四中宮祠ヨリ温泉及ヒ銅山ノ為メ日光地方特ニ大字清滝大字細尾大字久二良大字七里大字野口大字北和泉ノ如キハ従来小荷駄営業ノ者多クシテ突然是レカ通行ニ困難シ該営業ヲ失フ場合ニ立至ルトキハ各々将来ノ活路ニ迷ヒ實ニ非常ノ困難ニ陥ル事

右ニ付臨時町會開會相成度此段及建議候成

明治廿五年三月廿六日

日光町町会議員

石原浅次郎

岸野仲五郎

永井喜三郎

福田清次郎

福田倉吉

神山久多

日光町々會長入江喜平殿

日光町では臨時町議会を開き委員会を設置し検討した。委員会では左記の意見書を町議会議長宛に提出した。

意見書

委員一同

一古河私設馬車鉄道布設之義ニ付日光町里道貸與ノ件ニ付故障ノ理由書縣聴ニ差出シ置候モ其後ニ至リ假定縣道ハ縣會ニ於テ貸與ニ相成己ニ許可ノ命令ニナリ夫カ為メ去月三十日古河氏ヨリ里道拝借願書被差出ルニ付テ（以下略）

第一　今般古河氏ヨリ里道拝借スル願ニ對シテ客車ヲ運轉セザル事

第二　他人ノ荷物ハ一切運搬セザル事

第三　該馬車鉄道布設スル里道破損ノ箇所ハ古河氏ニテ修繕スル事

第四　馬車鐵道運轉ノ際ハ他ノ人馬通行スル等ニ危険ナキ様充分注意スル事

第五　前條々ニ變更スル場合ニ於テハ町會ニ於テ中止ヲスル事

右之段々報告仕候也

右委員　石原淺次郎　印

明治廿五年五月

永井喜三郎　印
代印　石原淺次郎　印
斎藤市作　印
岸野仲五郎　印
神山米吉　印

日光町々會議長入江喜平殿

この意見書が提出される前の五月一八日付で、古河市兵衛より日光町の基本財産に一〇〇〇円（注13）の寄付があったことや、栃木県で日光町内を通る仮定県道（注14）の使用を許可していることもあり、入江町長は左記の条件で「軽便馬車鉄道布設ニ付里道使用命令書」により馬車鉄道に使用する里道（町で管理している道路）の使用を許可した。

輕便馬車鐵道敷設ニ付里道使用命令書

第壱條　鉄軌敷設許可及ビ工事着手竣工トモ仮定県道ノ例ニ倣ヒ本町役場及所管警察署へ届出ヅベシ

第貳條　鉄軌之敷設ハ左ノ各項ニ順據スベシ

第一項　軌道ハ道路ノ一方ニ編シテ北ノ方道端ヨリ弐尺ノ地ヲ餘シテ之敷設スベシ

第貳項　鉄軌ノ幅員ハ内法貳尺ヲ超ユベカラズ

第参項　道路ヲ横断スル箇所ハ総テ其鉄軌間ニ木石ヲ填メ一般道路ノ表面ヨリ昴低スベカラズ

第参條　鉄軌築造又ハ修繕ニ當リ本県聴ノ許可ヲ得ズシテ往来留ヲナサズベカラズ

第四條　里道中大谷川縁リニ接スル場所ハ崖下川縁ヨリ堅牢ナル石積ヲ以テ築立防圏ヲ設ケ常ニ危険ナキ様設置スベシ

第五條　里道及橋梁共必要ト認ムル場合ハ運搬中番人ヲ配置セシメ番人ハ信號旗ヲ以テ通行ニ差悶ノ有無ヲ車輌ニ知ラスベシ

第六條　運搬時間ハ日出三十分前ヨリ日没三十分後迄タルベシ

第七條　鉄軌敷設ノ為メ道路横断ノ場所ハ人馬車等通行ノ障害ニナラザル様深ク注意スベシ

第八條　鉄軌ヲ敷設スル場所ハ道路ノ全幅修繕負擔スベシ

第九條　前條道路其他修繕ヲ怠ルトキハ本町ニ於テ修繕ヲ加エ其工費ヲ納付セシムベシ

第十條　道路ヲ使用スル其敷地ハ相當使用料金ヲ成規ニ依リ納付スベシ

第十一條　軽便馬車鉄道ニシテ客車運轉セザル事

第十二條　鉱業物貨用ノ外他人ノ荷物ハ一切運搬セザルハ勿論軌道及馬車ヲ他人へ貸与スル事ヲ不許

第十三條　満期後又ハ鉄軌ノ撤去ヲ命シタルトキハ三ヶ月以内ニ取拂フベシ

第十四條　前條ノ場合ニ於テハ鉄敷取拂跡道路川縁リ石積土留等都テ差圖ヲ受ケ壱箇月以内ニ修繕ヲ加エ返地スベシ

第十五條　以上條項ニ背クトキハ勿論本町ノ都合ニ依リ鉄軌ノ取拂を命スルトキハ期限内ト雖取拂ヲナスベシ

明治廿五年六月六日

栃木縣上都賀郡日光町長入江喜平　印

日光町の馬車鉄道の施設に関する問題は前記「軽便馬車鉄道敷設ニ付里道使用命令書」により敷設が決定した。この問題の賛成派・反対派の対立もなくなり、両派の手打ちのための懇親会費を古河で負担した。明治二六年九月一日、細尾～日光停車場間の馬車鉄道が開業した。しかし、前記の意見書にあるとおり「客車は運転できなかった」し、「古河鉱業以外の荷物は一切運搬できなかった」。

一方、足尾側の馬車鉄道は地元の反対もなく、明治二五年一〇月、本山～掛水～地蔵坂の馬車鉄道が開業した(写真26)。日光町とは異なり来客・職員用と思われる客車も使用されている。写真27はＶＩＰ用の客車か。

関連する話③

前記日光町町会議員六名が明治二五年三月二六日付で町議会議長宛に提出した「古河私設鉄道布設之義ニ付建議」および委員一同が提出した意見書の提出先は、町議会議長入江喜平である。また、明治二五年六月六日付で古河市兵衛宛に出された命令書は町長入江喜平であり、明治二五年当時の入江喜平町長は町議会議長を兼務していた。時代は下がるが、昭和二〇年当時の日光町の鈴木久太郎町長は県議会副議長を兼務していた（注15）。現在では考えられないが、自治体の首長と議会の議長（議員）は兼務できたのである。

写真 26　足尾の馬車鐵道（貨車）　小野崎敏コレクションによる足尾銅山の絵葉書より転載

写真 27　足尾の馬車鐵道（客車）〈小野崎一徳写真帳〉足尾銅山　より転載　部分

九、馬（牛）車鉄道のルート（日光側）

日光駅構内の足尾銅山日光出張所の荷扱所（写真28）を起点として、稲荷川沿いの里道を通り神橋下流の足尾銅山馬車鉄道専用の朝日橋（写真29・30、注16）を渡り、下河原より大谷川沿い含満橋のたもと〜小林年保の別荘（写真31、注17）〜三宮男爵（注18）別荘付近（含満ガ淵左岸崖上）〜檜ヶ淵左岸〜大日堂前〜白崖下〜大谷川左岸〜橋を渡り足尾方面へ、そして馬車鉄道終点（細尾鉄索停留所）と続いていた。

これを現在のルートで説明すると、ＪＲ日光駅構内古河機械金属倉庫（写真32）付近〜日光警察署北側の市道〜篠原電機横の市道〜けごん交通横〜日光橋の下流〜竹内物産支店裏〜総合会館裏〜千姫裏〜含満橋袂〜東京大学付属植物園の中（植物園には馬車道といわれている道がある）〜大日堂跡前の河原の中〜白崖下〜日光道路高架下付近〜現在の古河

写真 28　足尾銅山日光出張所の荷扱所　足尾銅山写真帳より転載　日向野憲氏蔵

写真 29　手前馬車鐵道専用の朝日橋　写真提供　猪瀬満枝氏

写真 30　右　朝日橋　日光山両社新圖（部分）明治 33 年　市村伊三郎発行

写真 31　小林年保の別荘脇を通る馬車鉄道　大日光 69 号より転載

写真 32　JR 日光駅構内　古河機械金属倉庫

アルミ構内南側際～細尾大橋の下流の橋（現在橋はない）～信号のある細尾交差点～旧道～左沢橋の足尾側田元牛車鉄道終点（細尾鉄停留所）まで、八九四九メートルの馬車鉄道（後に牛車鉄道）である。

このルートは基本的には変わっていないが、明治三五年の足尾台風により神橋下流の足尾銅山専用の朝日橋が神橋や仮橋（第三章日光橋と神橋および朝日橋参照）と共に流失した（写真33）。朝日橋は復旧しないで、仮橋の位置付近に架設された日光橋に馬車鉄道の軌道が設置された（写真34、注19）。

名所「大日堂」前から白崖付近は大きな被害を受けたようで、足尾台風後は大日堂より数百メートル下流の檜ヶ淵（注20）に橋を架けて対岸に渡り、現在のローリングダム下流付近で再度大谷川を渡り元のルートに戻っている。

大谷川は河川改修工事が行われて状況が変わった。牛車鉄道の軌道跡は後で述べる牛車鉄道の橋台を除けば何も残っていない。

写真 33　足尾台風による神橋付近の被害

関連する話④

日光橋の再建費用についてはよく分からない。明治三七年五月二二日、足尾銅山は栃木県に八七六〇円の寄付の申し入れをした。五月三一日には県議会の承認を得て寄付をしている。五月二〇日付寄付願には、今後の補修費について、二四分の七を負担する旨書かれている。この割合で架橋費を計算すれば三〇〇三四円となる。日光橋が何時架けられたか分からないが、明治三八一二月一〇日には開通式が行われている。なお当日は余興として、手踊りが催され、昼夜花火が打上げられた。

関連する話⑤

日光荷扱所について「精銅所五十年」（注21）によれば、「明治二六年一月、足尾銅山の全盛時代に建てられたもので、同年一一月細尾と日光間に牛車軌道ができて、銅山の貨物輸送出張所」と称していた（前出写真28）。精銅所ができてからも、貨物はやはり牛車軌道で運ばれていた。日光電車（軌道）が開通して牛車軌道にかわってからも、銅山と当所の貨物はここで扱っていた。大正二年一月二四日、「古河合名会社日光出張所」と改称した。古河商事株式会社が創立された際、同社の管理に移った（写真35、注22）。大正九年一二月二四日、古河電気工業株式会社で譲り受けて、精銅所で管理することになり、それ以来「日光電機製銅所荷扱所」と称するようになった。昭和四二年二月、路面電車（日光電車軌道）の廃止に伴い荷扱所も廃止になった。現在では倉庫として利用されているようで、ＪＲ日光駅の近くにある（写真前出32）。

写真36は檜ヶ淵左岸の牛車鉄道の橋台で、日光側の牛車鉄道で唯一残された貴重な橋台であり、後世に残すべき産業遺産である。

牛車鉄道は明治三七年八月、細尾原動所（発電所）線、明治三七年一〇月、清滝～別倉原動所間の線路の二路線を敷設している。なお、精銅所構内に牛車鉄道が引き込まれていたが設置時期は不明ではある。精銅所開所と同時に引き込まれたと思われる。

写真 34　日光橋に敷設された牛車鉄道のレール　日光市立日光図書館蔵絵葉書より

写真 35　古河商事（株）運輸課日光出張所　日光山近世誌より転載

写真 36　牛車鉄道橋の橋台

一〇、馬車鉄道のルート（足尾側）

前記「軽便馬車鐵道敷設路圖」によれば、明治二四年馬車鉄道建設当時は足尾町地蔵沢の鉄索停留所より神子内川左岸を進み、神子内川上流第五床固付近で川を渡り右岸に移る。神子内の水道第二浄水場付近で再び左岸に渡り、皇海荘裏～ローソンの対岸～生コン会社対岸～豊潤洞跡付近～野路又～渡良瀬～田元～間藤～製錬所の間に馬車鉄道が架設された（写真37～40）。

明治三〇年砂防法が制定されるまで、日本は治山工事や河川改修など国土の整備は手付かずであった。日光・足尾地区も当然同様であり、明治三五年の足尾台風以外にも台風などで大きな被害を受けている。足尾地方の被害記録は見つかっていないが、日光地方では明治三九年・四〇年に台風により牛車鉄道が被害を受けている。足尾地方でも馬車鉄道敷地は明治三五年の足尾台風の被害以外にも大きな被害を受けたと思われ、前出の日向野氏の話では神子内地内には橋台が三箇所隣接して残っている箇所もあるそうである。

一一、馬（牛）車鉄道の規格

馬鉄道は原則として単線で、施設部分は幅員三・〇五メートル、停車場および複線部分の幅員四・八八メートル、公道部分は一・八三メートル、橋梁幅員は三・〇五メートルである。橋梁は木製でハウ式の組橋および桁橋である。と「栃木県史」は当時の状況を伝えている。ハウ式

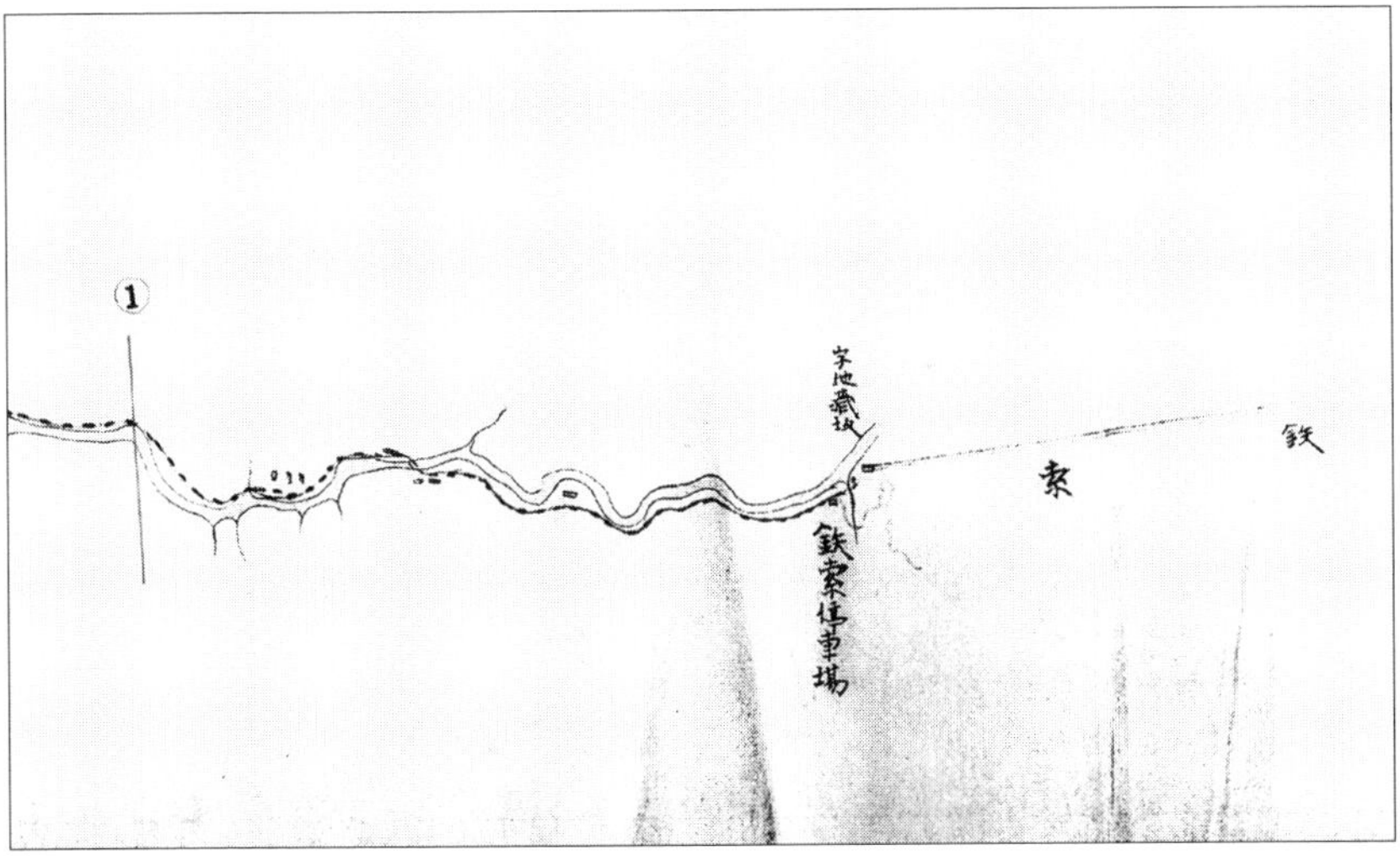

写真 37

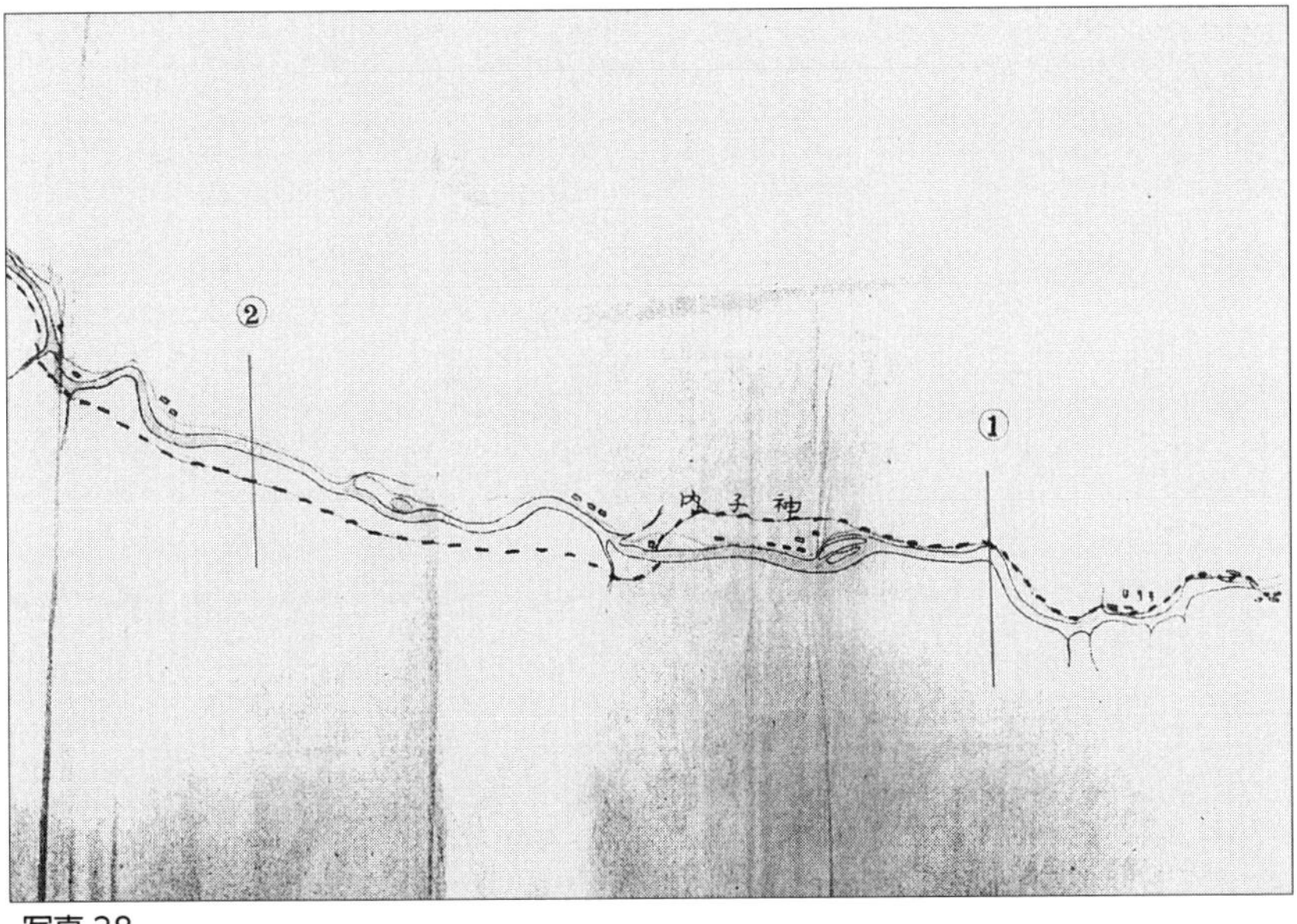

写真 38

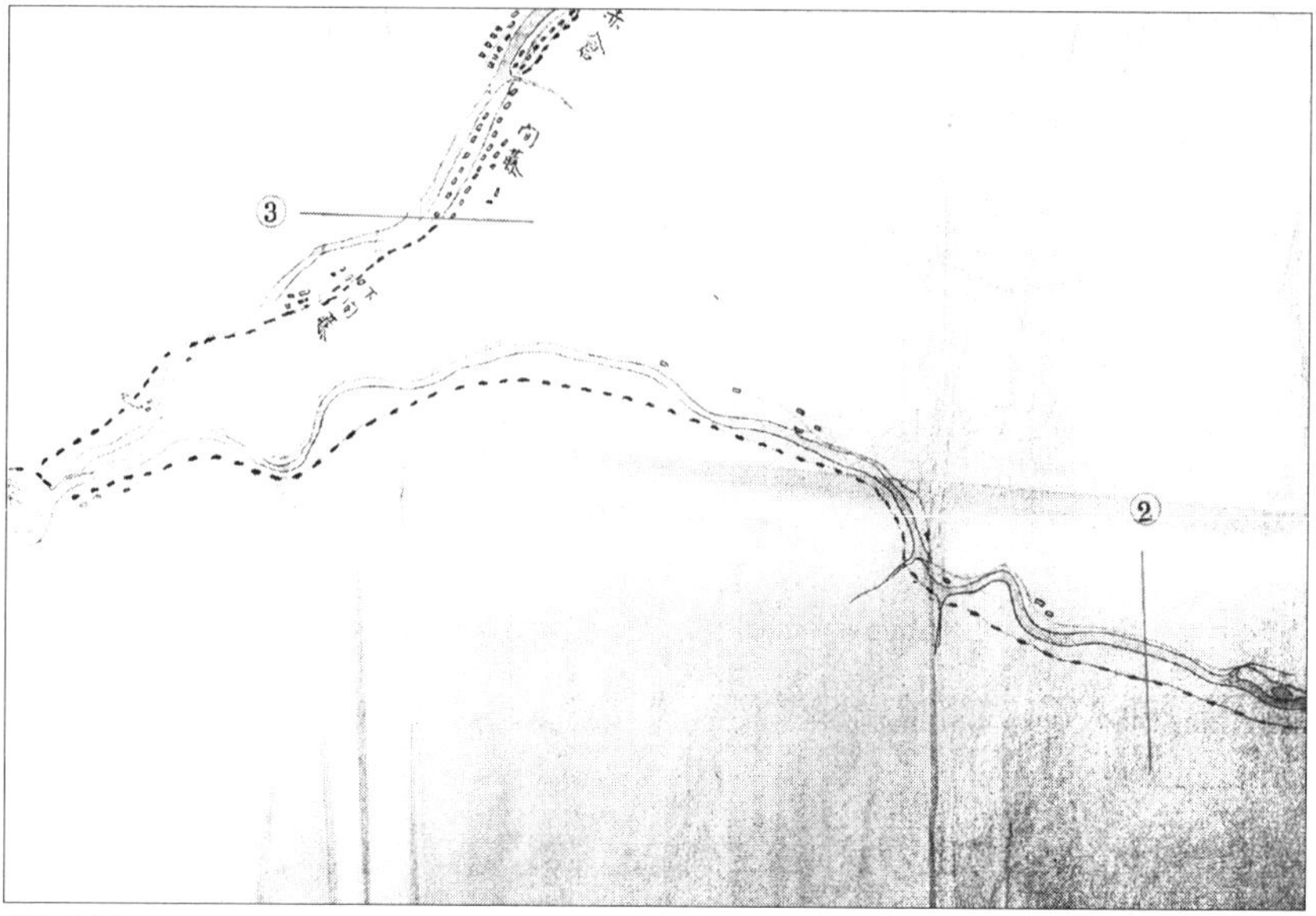

写真 39

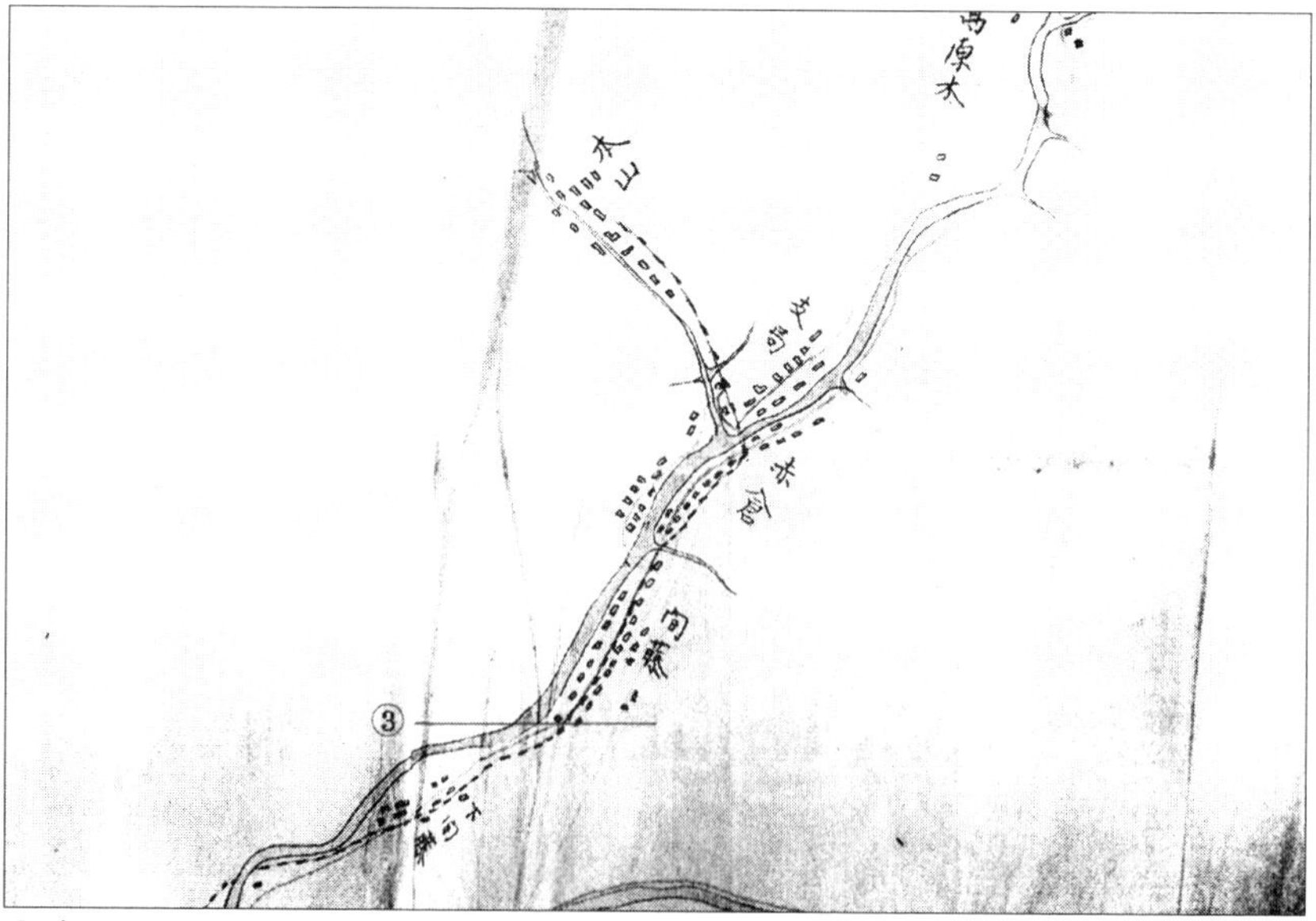

写真 40

の組橋とはハウトラス橋（写真41）のことと思われる。

レールは一メートル当たり八キログラム（写真42）のレールで、幅は六〇センチ間隔（注24）で布設された。

車輌は長さ二・四四メートル貨車は制動機を備え、客車は制動機および弾機（スプリング）を備えていた（写真43・前掲写真27）。なお客車は足尾町のみで使用され、日光町では前記「軽便馬車鉄道敷設ニ付里道使用命令書第一一条」により客車の使用が禁止されていた。

一二、明治三五年足尾台風の被害

明治三五年九月二八日に日光・足尾を直撃した足尾台風により、日光出張所〜細尾間の牛車鉄道、細尾鉄索、地蔵坂出張所〜足尾銅山の馬車鉄道は大きな被害を受けた。日光町が明治三六年七月二五日に作成した被害の概況報告書によると次のとおり。

① 大字日光足尾銅山日光出張所流失家屋六棟事務所倉庫等浸水（写真44）。
② 牛車鉄道専用の朝日橋とすぐ上流の仮橋（後の日光橋）、神橋の三橋とも流失した（前掲写真33）。神橋と日光橋は復旧したが、朝日橋は復旧せずに日光橋の上を牛車鉄道が通るようになった（前掲写真34）。
③ 安川町岩崎ヶ原五段石垣下の牛車鉄道線路の状況。人家数十戸が流され線路も流さ

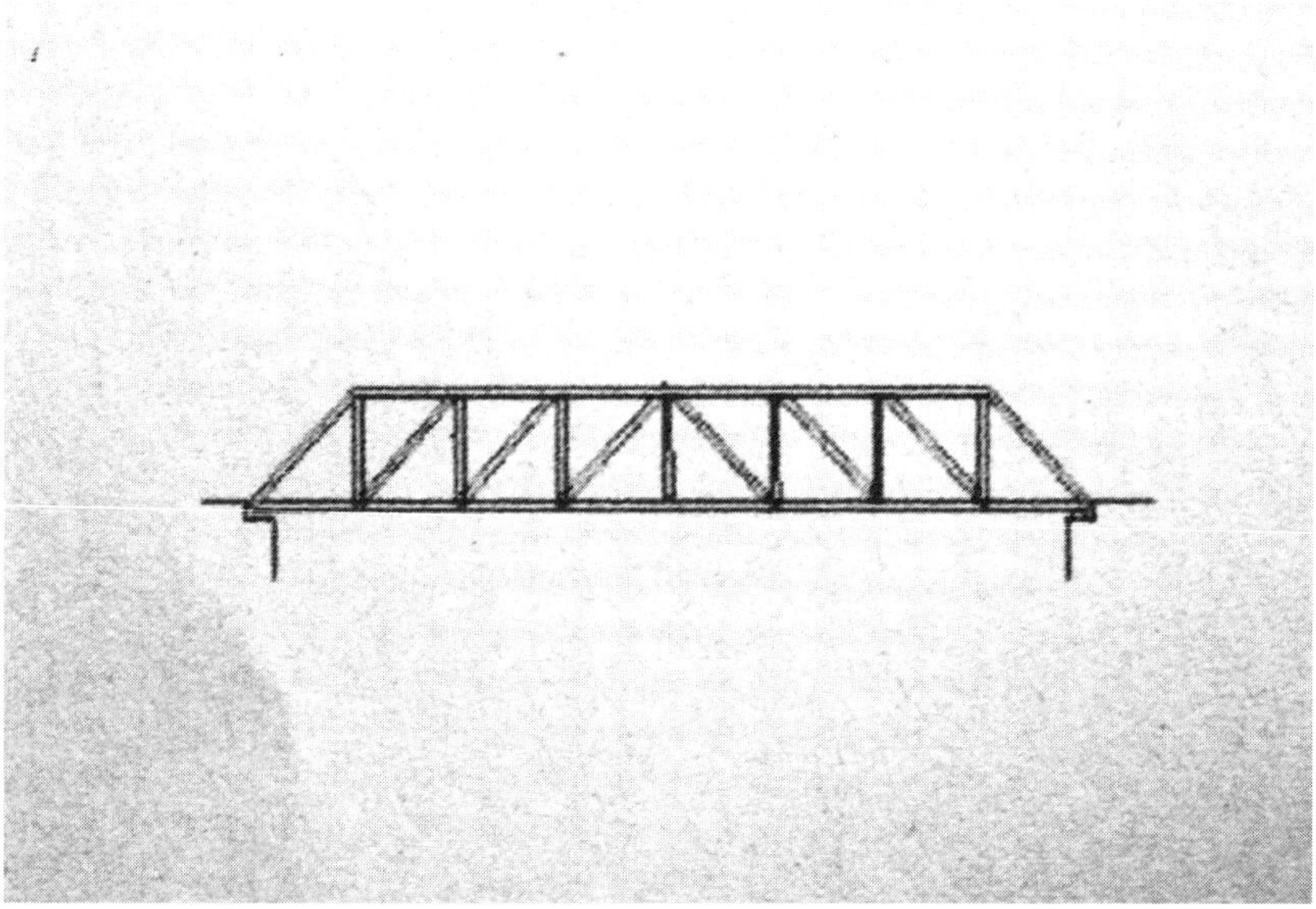

写真 41　ハウトラス橋

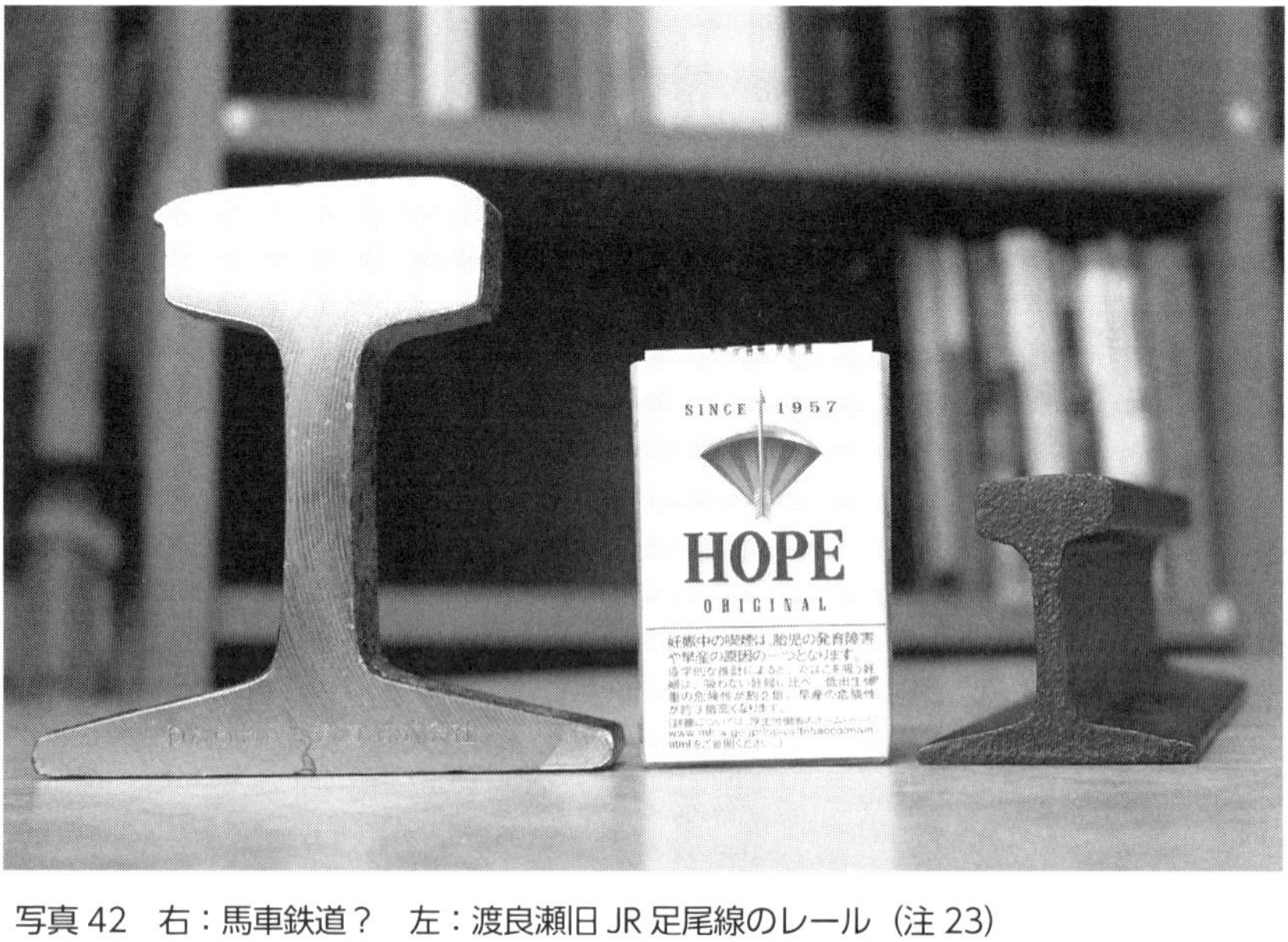

写真 42　右：馬車鉄道？　左：渡良瀬日 JR 足尾線のレール（注 23）

れている（写真45）。

④　日光細尾足尾銅山派出所構内（写真46）と日光町足尾銅山派出所索道ノ破壊（写真47）。前記被害の概況報告書には「足尾銅山細出張所構内流出家屋三戸、半壊一戸、鉄索場一箇所破損」とある。

⑤　写真48は被害を受けた大日堂である。牛車鉄道の線路はこの写真の川寄りにあったので完全に流されてしまい現在では河原になっている。

一三、馬（牛）車鉄道の記録

栃木県立文書館の寄贈文書に「軽便馬車布設線路圖」（日光、足尾）がある。この図面には鉄索は書かれているが、日光側の馬車鉄道は書かれてなく、足尾側の馬車鉄道の路線が書かれ

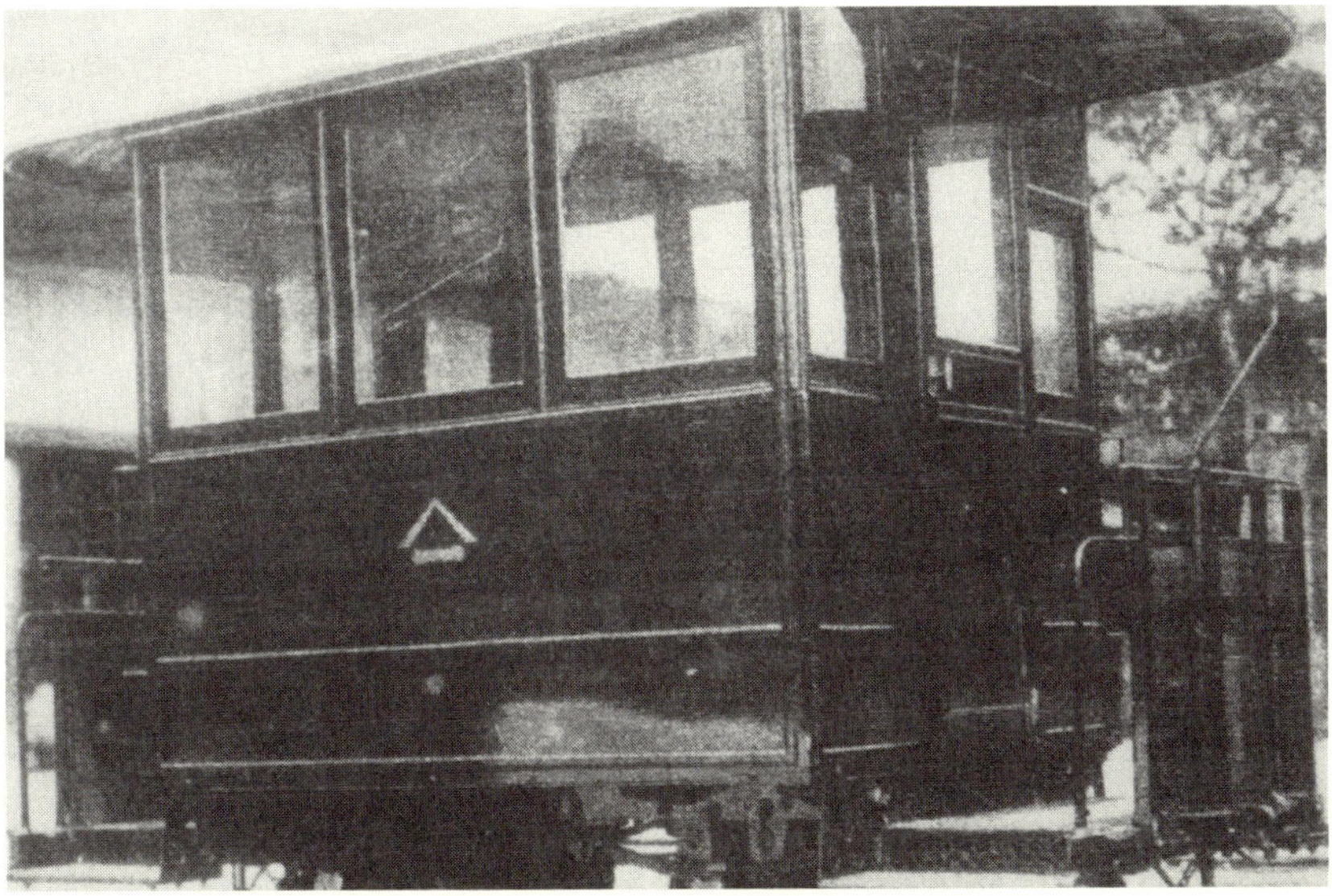

写真43　馬車鉄道の客車　汽車会社　蒸気機関車製造史より転載

ている。このことから明治二四年建設当時の図面と考えられる（注25）。この図面と同じような図面が古河鉱業にも残されている。

明治三五年の足尾台風以降の台風による被害はあったと思われるが、それらの被害の記録はみつかっていない。また被害後の変更した路線の図面等も見つかっていない。

日光の五万分の一地形図には馬（牛）車鉄道の記載はない。日光の地形図に記載されるのは明治四三年に完成した電気軌道からである。一方、足尾の五万分の一地形図には馬車鉄道の文字と記号が書かれている（注26）。

写真44　日光町足尾銅山出張所役宅　明治35年
壬寅歳暴風雨記念写真帳より転載　日光市立日光図書館蔵

写真 45　流失した日光町安川町の道路　馬車鉄道のレールが見える
明治 35 年壬寅歳暴風雨記念写真帳より転載　日光市立日光図書館蔵

写真 46　日光町細尾　足尾銅山派出所構内の索道ノ破壊状況
明治 35 年 壬寅歳暴風雨記念写真帳より転載　日光市立日光図書館蔵

写真 47　日光町細尾　足尾銅山派出所鉄索所の破壊状況
明治 35 年 壬寅歳暴風雨記念写真帳より転載　日光市立日光図書館蔵

写真 48　被害を受けた大日堂　明治 35 年 壬寅歳暴風雨記念写真帳より転載
日光市立日光図書館蔵

一四、牛（馬）車鉄道および鉄索の終焉とその後

観光地日光に牛（馬）車鉄道が走ることは、神橋・含満ガ淵・大日堂付近のいわゆる「観光地に糞尿による悪臭の問題を生じた」と言われるがいつの頃からか。もちろん馬車鉄道が走る以前から馬車は走っていて、足尾への物資の輸送が行われてきたが、悪臭の問題は発生していなかったと思われる。馬（馬車）が通れば馬糞を落とすことは当たり前のことであり、前記の町議会の意見書や町長の命令書の条件にも馬糞（悪臭）に関する問題は出てこない。馬車鉄道開業当時の馬糞は、肥料として使用されたのではないか（注27）。

明治二五年に細尾鉄索が完成したが、馬車鉄道の計画（工事）中の段階で、足尾銅山の産銅高は六五三三トンであり、四年後の明治二九年には六五七八トンと変化はなく、馬車鉄道の馬糞による悪臭問題は発生していなかったものと考えられる。

明治三〇年五月、足尾銅山では鉱毒事件に対する三回目の予防工事命令が発せられ、予防工事資材の運搬が昼夜の区別なく操業されるようになり、悪臭の問題が発生したと思われる。明治三一年六月には予防工事の資材運搬の遅れに対応すべく、従来の馬車鉄道は牛車鉄道に改められた。その結果、悪臭の問題はより深刻化したのだろう。馬糞は比較的片付けが簡単だが、牛糞はベトベトしており片付けは大変である。しかも牛糞は馬糞と異なりあまり肥料の役に立たなかった。写真49は日光橋上で牛糞の掃除をしている姿と思われ傍らに塵取りが見える。明治四〇年頃の写真か。

一方、足尾銅山では粗銅を東京の深川骸炭所まで運んで精銅していたが、水が豊富で発電が容易な日光町に精銅所の建設を進めており、同時に足尾と群馬県桐生を結ぶ足尾鉄道の建設計画も進められていた。また、日光駅と足尾銅山日光電気精銅所を結ぶ日光電気軌道敷設について、西山新平日光町長・山口喜三郎精銅所長ら関係者は協議のうえ電車を走らせることとした。

日光町と古河鉱業とは明治四一年九月一八日に資本金二〇万円の日光電気軌道株式会社を設立、一二月には電車工事施行が認可された。工事は順調に進み明治四三年七月、試運転を日光出張所構内で行った。明治四三年九月、古河鉱業は日光駅と別倉先大谷川近くの岩鼻までの間に貨物運搬を開始した。同時に牛車鉄道はその役目を終えて廃止された。……と記録にはある。

しかし、明治四三年九月に閉鎖されたはずの牛車鉄道が実際に閉鎖されたのは、日光駅より細尾間の牛車鉄道で（地蔵坂鉄索・栃木平鉄索は稼働していたため）、細尾停留所～清滝の精銅所間の牛車鉄道は稼働していたものと思われる。

なぜならば、足尾銅山で採掘した鉱石を本山の製錬所で製錬した純度の低い粗銅を、日光の精錬所へ運搬する足尾鉄道桐生～本山間が完成したのは大正三年のことであり、また細尾鉄索が廃止されたのが大正三年なので、電気軌道の開通後も細尾鉄索は利用されていたと考えられる。

日光電気軌道株式会社では細尾鉄索終点停留所より精銅所まで牛車鉄道に代わって電車で運

搬するため、岩鼻付近より分岐して細尾に至る路線を計画したが、足尾鉄道が開通して細尾鉄索が廃止となり、大正三年三月、この路線の開設許可も解除された。

関連する話⑥

明治二七年の頃完成した日光橋の上を牛車鉄道が走っていた（前掲写真34）。明治四三年には日光電気軌道の電車が牛車鉄道に代わって日光橋の上を走った（写真50）。橋の上のレールだけをみると、牛車のレールか電車のレールかは区別がつかない。レールが橋を渡り左の細い道路に向かっているものは牛車鉄道で、まっすぐに延びているものは電車用のレールである。なお日光橋の上を走っていた電車は、昭和一九年、神橋と日光橋の間に電車専用の橋が架橋されるまで使用された（一一一ページ写真12・注28）。

写真 49　日光橋上で牛糞の掃除？　日光図書館蔵　絵葉書より（部分）

一五、牛（馬）車鉄道跡の現状

足尾側の馬車鉄道の跡は比較的多く残っている。足尾町教育委員会・足尾町文化財調査委員会発行「足尾銅山の産業遺跡」によると、

「現在も神子内地域に往時の馬車軌道の線路敷が多く遺されている。渡良瀬を起点として芝の沢、柏木平を通り神子内川上流に向かって右側の山裾を通りいくつもの支流に架かる橋（木橋）を通って、栃木平、地蔵坂の終点に至ったものである。

概略ではあるが遺されている線路敷は、柏木平住宅地奥から大和田沢まで約六五〇メートル、生コン工場向い約一八〇メートル、元神子内小学校向い約八〇〇メートル、集会所向い一二〇メートル、その地先で本流に侵食された崖地までの約八〇メートル、皇海荘南端から大岩沢までそれぞれ約四〇メートル、約一四〇メートル、約六〇メートル、遠上向い約一九〇メートル、栃木平周辺にわずかに石垣の遺講がある。渡良瀬から地蔵坂までの線路の総延長は約九・七キロで、そのうち神子内に遺っている総延長は二二六〇メートルである」

とある。

写真51～53は往時を偲ばせる馬車鉄道の石積・橋台および敷地の写真である。

一方、日光側の牛車鉄道の跡は大日橋の下流にある橋台が遺っているのみである（前出写真36）。現地に行く道はなく個人の屋敷を通らねば行くことができない。屋敷内の通行は遠慮願いたい。しかし大日橋より下流左岸に見ることができる（写真54）。

馬車鉄道は神橋付近と含満ガ淵前後の両岸が切り立っていて、川幅の狭い一部を除けば、護岸工事が未整備な大谷川の河川近くに線路敷地があったために、昭和二五年頃以降本格的に始まった当時の建設省日光砂防工事事務所による河川改修工事で、牛車鉄道線路敷地跡や橋台跡など残っていたかもしれない遺構は破壊されてしまい、現在では前記橋台を除けば何もない。

写真50　日光橋の上を通る日光電気軌道の電車　日光市立日光図書館蔵絵葉書より

写真 51　馬車鉄道の石積

写真 52　馬車鉄道の橋台

写真 53　馬車鉄道の敷地
写真提供　日向野憲氏

写真 54　大日橋より見た牛車鉄道の橋台

一六、大日孁貴命《おおひるめむちのみこと》之碑

旧日光市の古河記念病院の前をいろは坂方面に向かうと荒沢橋がある。渡るとすぐ左に曲がり坂道を下ると右側に碑（写真55）がある。牛車鉄道で使用した牛の記念碑である。旧日光市・足尾町では牛（馬）車鉄道に関係する石碑はこの碑以外には見当たらない。

碑文はつぎのとおり。

写真55　大日孁貴命之碑

表面「明治三五年正月廿八日　大日孁貴命　八十七叟米處澌敬書」

裏面「日光細尾之間足尾銅山牛車鉄道運搬請負業ニ従事シ已ニ五ヶ年ノ星霜ヲ經タリ此間使役セシ索牛死傷ナク且諸種ノ牛疫流行セリト虽モ幸ニ此患ニ罹リタルコトナシ因テ有志相議リ茲ニ此碑ヲ建設ス」

大日孁貴命は天照大神のことであり、碑の裏面によれば牛車鉄道で使役した索牛の記念碑であるが大日孁貴命と牛の関係が分からない。

一七、馬頭尊の碑

足尾の渡良瀬橋の傍らに馬頭尊の碑（写真56）がある。馬頭尊は馬頭観音と同じもので本来は頭上に馬頭を戴く観音様（石に馬頭尊等の文字を刻んだ物も多く見られ近世以降に多い）で、馬が草を食むように煩悩や諸々の悪を食い尽くす観音だが、近世以降牛馬特に馬の守り神として無病息災を祈る対象にもなってきた。

この馬頭尊は明治二六年四月に足尾町下間藤に建てられたものを大正一〇年頃現在地に移された。明治二一年七月に日光道が二間の道幅の馬車道となって（注29）、足尾から運び出す粗銅や足尾に運び込む生活物資などは荷馬車により運ばれた。明治二五年からは馬車鉄道が発達してきたが、動力としての馬の守り神

写真56　馬頭尊の碑

として馬方・馬車引きらにより造られたものと思われる。

碑の裏面には「運輸課員御中・発起人四名の名前・世話人一七名の名前・石工の名前」が刻まれている。

旧日光市清滝・細尾や旧足尾町神子内には馬頭観音や馬頭尊が多数見られる。よく調べれば馬車鉄道に関連した碑があるかもしれない。

一八、この章の終わりに

かつての足尾銅山で掘り出された銅の輸送を一身に引き受けた細尾鉄索と、その前後の馬車鉄道について現在では知っている人は少ない。当時の鉄索の支柱は木製なので当然残ってはいないが、基礎の部分の土留用の石積や馬（牛）車鉄道の線路敷地跡、橋脚の石積などが残ってはいるが、消滅の危機に曝されている。

馬車鉄道の跡地（注30）が一直線にヒノキの造林地に残っている（前掲写真53）。人馬により踏み固められた土地に樹木が生育しにくいからである。将来ヒノキ林を伐採するときには、造材用高性能林業機械（写真57・注31）や材木運搬用のトラックなど、さらに簡易林道を作るための重機などが貴重な跡地を破壊するだろう。

平成一二年、日光市久次良に大日橋が作られた際には、大日橋は現在地より下流の檜ヶ淵に架橋を予定されていたが、諸般の事情により現在地に変更されたそうである。もしも当初の計画どおり檜ヶ淵に大日橋が作られていたら、旧日光市で唯一残されている「牛車鉄道用橋梁の橋台」が破壊された可能性がある。日光・足尾に昔は多数あったと思われる産業遺産の保存について考えたい。

日光の牛（馬）車鉄道は明治四三年に電気軌道に代わり、ルート・規模なども大きく変化し、やがて昭和四三年には廃止となった。一方、足尾では馬車鉄道が大正一四年には米国フォード社のガソリンエンジンを搭載したガソリンカー（写真58）と交代したが、そのガソリンカーも昭和二八年には廃止となった。

当時、鹿沼に住んでいた筆者は、昭和三九年四月より四年近く日光軌道を利用して通勤したし、小学生の頃、母に連れられて毎年足尾の叔母の家に行ってガソリンカーに乗った記憶がある。

馬(牛)車鉄道を引き継いだ電気軌道とガソリンカーについては、改めて調べてみたい。

本稿を書き始めてまもなく足を痛めてしまい、鉄索のルート跡を踏査することができなくなってしまった。鉄索の現状に関する記述の多くは、日光市足尾町松原在住の日向野憲氏が調べたものである。快く資料

写真57　林内作業車（注31）

をご提供頂き、また何かとご指導を戴いた日向氏にお礼申し上げる。

（注1）「栃木史心会報」第七号七ページに「第一鉄索は明治二五年に（守田）兵蔵の手により大改修工事がなされている」と記されている。この資料は守田兵蔵自筆の記録より引用したものと思われる。鹿沼史談会会報「鹿沼史林第五六号」拙稿「足尾銅山第六鉄索」参照。

（注2）「栃木県史通史編八」四一九ページ。

（注3）「栃木県史通史編八」四五七ページ。

（注4）棚は薪の量の単位で、「一棚は一尺八寸の薪を幅六尺高さ六尺に積重ねた量」（「木村長七伝」）。「一棚は二尺五寸の薪を幅六尺高さ六尺に積重ねた量」（足尾銅山の産業遺産）三尺の薪を幅九尺高さ四尺に積重ねた量（西沢金山大観）「一棚は三尺の薪を幅六尺高さ六尺に積重ねた量」（林業技術協会発行林業百

写真58　ガソリンカー　写真提供　足尾歴史観館

科事典）。と異なっている。当時は棚に対する規格がかったものと思われる。なお、昭和三四年一一月一日薪の指導基準が施行されている（森林家必携一九六一版）。

（注5）木村長兵衛　安政元年生まれ。明治一三年、二七歳で足尾銅山鉱長に就任。明治二一年四月二六日逝去、享年三五歳。

（注6）日光市細尾在住の馬場文夫氏（昭和七年七月生）の話。

（注7）本格的索道としては日本で初めて導入したハリジー式単線固定循環式索道は、シンプルな構造で山路の急勾配にも安全に運転できたので明治二〇年代の足尾銅山で使用されたが、三〇年代になると単線自動循環式索道・複線自動循環式索道等の効率の良い索道が使用されるようになった。

（注8）中村元著「架空索道」明治四一年七月二四日発行。

（注9）工場から運ばれたワイヤーロープを鉄索として十分な強度のある接続をするには、ロープの直径の一一〇〇倍の長さが必要であり現地まで運び繋ぎ合わされた。

（注10）「栃木県史資料編近現代九」三九ページ。

（注11）第二鉄索が完成する数カ月前に、大内〜草久間の草久鉄索が完成し運転していたが、三番目の鉄柵が第一鉄索の側を並行して架設されたので便宜上第二鉄索と名付けられ、草久鉄索は第三鉄索となった。

（注12）第三〜四鉄索の写真は見つかっていない。第六鉄索の写真は一枚のみ。第五鉄索は足尾町内の鉄索なので本書の対象外。

（注13）明治二二〜二八年足尾町議会議事録によると、明治二五年当時一〇〇〇円は足尾町長の年俸一七〇円の五・八年分になる。日光町長の年俸は不明であるが大差はないと思われる。

（注14）明治九年に全国の道路を国道・県道・里道に分類した。県道については、全国的な調査が遅れたので、各府県が独自に指定したため仮定県道と称した。

（注15）昭和一六年九月より昭和二一年一一月まで町長、昭和六年九月〜昭和二二年二月まで県会議員（昭和二〇年一一月〜昭和二二年二月まで副議長）を務める。昭和二〇年一一月より昭和二一年一一月までの一年間は町長・県会副議長を兼務する。「叔父は町長と県会議員が兼務で何かと忙しかったが、特に副議長の時は非常に忙しかった覚えがある」姪の櫻村美紀喜〈大正六年一一月二〇日生まれ〉談。

（注16）朝日橋　資料によっては銅山橋、緑橋等の名前がある。本書では保晃会日誌の明治三五年九月二八日の足尾台風の被害状況に書かれてある橋名「朝日橋」を採用した。

（注17）小林年保の別荘、馬車鉄道が写っている。明治三一年に小林年保の別荘・赤坂離宮（紀州徳川家江戸中屋敷）の一部を移築、新たな部分を加えて皇太子（後の大正天皇）のために田母沢御用邸が造営された。写真は小林年保の子孫の小林敬幸氏所蔵。日光東照宮発行「大日光」六九号記載の福田和美著「日光奉行所同心小林年保の明治維新」より転載。

（注18）三宮男爵・三宮義胤　天保一四年一二月二四日生まれ。戊辰戦争で各地を転戦。兵部省・外務省を経て明治一六年、宮内省に転じ、明治二八年式部長、明治二九年に男爵。明治三八年八月一四日没。

（注19）日光橋　幅二四尺の鋼鉄製の橋で、そのうち七尺は牛車鉄道の軌道敷地として使用した。

（注20）檜ヶ淵　含満ガ淵の上流、小野義治氏宅裏付近。

（注21）「精銅所五十年」古河電機工業株式会社日光電機精銅所、昭和二九年一二月一〇日発行、一〇四ページ。

（注22）大正七年七月二〇日発行「日光山近世誌」の口絵。

（注23）右のレールは計算上では一メートル当たり八キログラムのレールである。当時もこのようなレールが使われたのか。このレールは昭和期のものと思われる。筆者蔵。左のレールは旧国鉄足尾線のレールで、一メートル当たり三〇キログラムのレール。

（注24）「栃木県史資料編近現代九」五二ページには「軌隔八六〇〇ミリ米突」、二〇四ページには「軌隔二呎」とある。二呎を各種単位換算表（明治四一年七月刊架空索道運搬法）で換算すると、六一センチとなるが、六〇〇ミリと表示したものと思われる。大正一四年に導入されたガソリンカーは馬車鉄道の軌道をそのまま使用したが、設計書には軌道幅六一〇ミリとある。

（注25）横尾健一家文書。明治二四年当時の当主は横尾輝吉で県会議員であった。

（注26）明治四五年、当時の大日本帝国陸地測量部が発行した五万分の一の地形図には、馬車鐵道の文字と記号が書かれており昭和六年発行の地形図にも文字と記号が書かれている。

（注27）当時でも科学肥料は使用されていたが、一般的には有機肥料農業で堆肥・厩肥などが使用され人間の糞尿でさえ金肥として昭和三〇年代中頃まで使用されていた。

（注28）昭和一九年九月、軍需工場の精銅所より銅を輸送するための一五トン積み貨車を牽引した貨物列車が通行できるように神橋と日光橋の間に電車専用の橋が突貫工事で架設された。

（注29）「栃木県史資料編近現代九」解説二九ページ

（注30）日光市（旧足尾町）神子内地内の皇海荘付近。

（注31）プロセッサー　高性能林業機械の一種で、伐り倒されただけの材木を咥えて枝払い、指定した長さに切断することができる。

参考文献

「栃木県史資料編近現代九」栃木県（昭和五五年三月三一日）
「安川町百年史」安川町創立百周年記念事業実行委員会（平成十年三月三一日）
「足尾銅山圖會」完全復刻版　川田勉（平成一五年一月）
【小野崎一徳写真帳】足尾銅山」小野崎敏編　新潮社（二〇〇六年一二月一五日）
「明治三五年壬寅歳暴風雨記念写真帳」木村作次郎　内田書店（明治三六年六月二六日）
「足尾銅山写真帳」木村作次郎　内田書店（明治二八年七月）
「架空索道」二宮勝太郎　興学館（昭和一六年一月二九日）
「架空索道運搬法」中村元　博文館（明治四一年七月二一日）
「日本近代の架空索道」斎藤達男　コロナ社（一九八五年八月五日）
「大日光」日光東照宮
「日光山近世誌」日光山近世誌発行所（大正七年七月二〇日）
「大日本下野国日光山全図」東照宮
「蒸気機関車製造史」汽車会社　交友社（昭和四七年三月二五日）
「足尾銅山」蓮沼叢雲　公道書院（明治三六年？）
「日光」国府種徳　書報（大正四年六月一日）
「木村長兵衛傳」茂野吉之助　木村孝次郎（昭和一二年四月二六日）

終わりに

昭和三九年四月、高等学校を卒業して務めた日光社寺営林事務所は、木造の古くて広い二階建て（六九ページ写真5）のお化け屋敷のような建物であった。元保晃会の事務所である。建物にも事務所にも歴史があった。近くには公園があり、そこには大きな石碑が置かれている。日光社寺営林事務所と日光社寺共同事務所で管理している浩養園と保晃会碑である。

浩養園と保晃会碑の存在とその歴史は、当時は一般の人にはあまり知られていなかった。日光にはまだ明らかにされていないことが多くあった。いつかは調べて纏めてみたいと思っていた。本書を書くきっかけである。あれから五〇年以上が経過した。それらの一部はかなり解明できたので、一冊の本にすることができた。

最後になるが、日光観光研究学会賞を受賞した「日光の風景地計画とその変遷」ならびに「観光地日光その整備充実の歴史」の著者である手嶋潤一氏には構想の段階からご指導をいただいた。また壁に突き当たるたびに叱咤激励をいただいた。改めて御礼申し上げる。

また発行に当たっては随想舎の石川栄介氏には大変お世話になった。御礼申し上げる。

著者紹介

安生信夫（あんじょう　のぶお）

昭和20年疎開先の足尾町で生まれる。

栃木県立鹿沼農商高等学校卒業後、日光社寺営林事務所勤務。

平成20年退職。在職中より旧日光市・足尾町・粟野町上粕尾地区の明治期以降について調べ続ける。

所属団体　鹿沼史談会、日光史談会

現住所　栃木県日光市萩垣面2440-39

忘れられた明治の日光　近代日光の史跡を訪ねて

2018年4月18日　第1刷発行

著　者●安生信夫

発　行●有限会社 随 想 舎

〒320-0033　栃木県宇都宮市本町10-3 TSビル
TEL 028-616-6605　FAX 028-616-6607
振替 00360－0－36984
URL http://www.zuisousha.co.jp/

印　刷●モリモト印刷株式会社

装丁●齋藤瑞紀

定価はカバーに表示してあります／乱丁・落丁はお取りかえいたします
 ISBN978-4-88748-348-4